JN063510

子どもの発達障害と環境調整のコツがわかる本

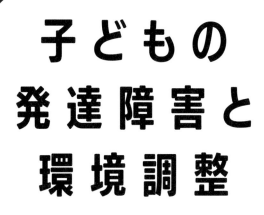

いるかどり Irukadori

ソシム

はじめに

　本書のテーマは「環境調整」です。人的環境・物的環境・空間的環境という3つの環境を調整することによって、子どもたちの困り感は成功体験へとつながっていきます。

　私は、幼稚園や小学校で担任・特別支援教育コーディネーターとして、さまざまな子どもたちと教員に出会ってきました。そのなかで、「問題行動は子ども自身に原因がある」「一斉の授業に参加できないのは発達障害があるから」という価値観に疑問をもち、環境調整の研究や実践を進めてきました。

　本書は全5章です。第1章では、環境調整の重要性や支援をするうえでの考え方などについて説明し、第2章では、それぞれの環境の特徴などについて解説しました。

　第3章から第5章では、子どもの事例を通して「即効性のある環境調整の例」や「困り感を改善・克服するための学習方法」などを取り上げました。

　ぜひ目の前の子どもたちをイメージしながら、「人・もの・空間の環境の視点で生活や学びをデザインしていく」という意識で読んでみてください。

　最後に、本書を手に取ってくださり、誠にありがとうございます。子どもたちのために「学び続けること」ができる皆様を尊敬しています。これからも同じ時代を生きる一人の人間として、すべての子どもたちと子どもたちに関わる方々のために全力で活動を続けていきます。

　2023年2月

いるかどり

目　次

はじめに

第 1 章

環境調整の特徴とは？

第2章 環境調整を進める際のコツ

第3章 教師の関わりなどの「人的環境」のコツ

第4章 教材などの「物的環境」のコツ

第 5 章

教室などの
「空間的環境」のコツ

第 1 章

環境調整の
特徴とは?

この章では、環境調整の重要性や問題行動と呼ばれる
行動について、子どもの強みと困り感に合わせた環境
調整のコツ、子どもの実態を把握するためのアセスメ
ント方法などを解説します。

1-1 教育は環境調整で決まる

教育は「環境を通して行う」ことが基本であり、環境調整によって子どもたちの困り感は成功体験へとつながります。

💡 子ども一人ひとりに合った環境に調整する

「どんな先生かな、どんな学習かな、どんな教室かな」

4月、子どもたちは期待に胸をふくらませて新しい環境と出会います。これから過ごす学校生活のなかで、子どもたちが安心して過ごすためには、環境が教師の意図されたものであることが大切です。

教育は**「環境を通して行う」**ことが基本です。「子どもたちが関わる教師や保護者」「当たり前のように目にする黒板やチョークの色」「1日のほとんどの時間を過ごす教室」、これらはすべて環境になります。

子どもたちにとって「安心して過ごせる」「安心して学べる」環境は、安定した情緒や学習意欲のベースとなり、生き生きとした学校生活へとつながっていきます。

そのために私たち大人には、子どもたちが笑顔で生活し、目の前の学びに集中できるよう、**「一人ひとりに合った環境」へと調整する力**が求められます。

子どもたちの発達段階や認知特性、生活年齢、学習進度などを把握し、意図された環境調整を行うことによって、**子どもたちの困り感は成功体験へとつながっていきます。**

本書では、環境を「人」「もの」「空間」の3点からとらえ、子どもたちのよりよい生活や学習を考えていきます。

■ 3つの環境

❶人＝人的環境

- 大人との関わりや子ども同士の関わりなど
- 子どもたちが主体的に他者と関わることができるよう、「表情、声かけ、言動など」（環境）を整えていく

❷もの＝物的環境

- 学習に参加するための教材・教具・学習道具など
- 子どもたちが意欲的に学習に参加することができるよう、「自分で使えるもの」（環境）を整えていく

❸空間＝空間的環境

- 教室、体育館、多目的スペース、校庭など
- 子どもたちが安心して生活・学習できるよう、「五感を通して感じる空間」（環境）を整えていく

【特徴】

- いつ：一人ひとりに応じた時間設定をする
- どこ：すべての学びの場で行われる
- だれ：すべての子どもたちを対象にする
- なに：必要なときに必要な分の環境調整をする

 POINT!

- 環境調整には、人的環境・物的環境・空間的環境の3つの環境がある

1-2 「診断名があるから支援する」 のではない

大人による無意識の区別や決めつけは、子どもたちへ伝わって子ども同士でも大きなカベをつくってしまいます。

💡 診断名は子どもを区別する名称ではない

　小学校や保育園などで巡回相談を受けると、「あの子は自閉症だから支援の方法を教えてください」「ADHDだから見通しがもてればいいってことですよね？」など、診断名があるから支援するといった質問を受けることが多いです。

　診断名は、本人と保護者が医療・福祉・教育の制度を活用し、いまと将来の自立と社会参加できることを目指す尺度の1つであって、**子どもたちを区別するための名称ではありません。**

　大人の「あの子は障害児だからできなくてもしかたがない」「あの子は他の子たちと違う」「自閉症だから構造化すればいいのよね」といった無意識の区別や決めつけが、学級にいる子どもたちへと波及し、子どもたち同士のなかに大きなカベをつくってしまいます。
　「人はみな、人である」ことを忘れずに、**障害名で支援するのではなく、目の前の子のありのままの実態を見ること**が大切です。

💡 学校がつくり出す発達障害

　学校には、下記のような暗黙のルールが数多く存在します。これらのルールはどこかに記されているわけではなく、子どもと教師との間にあるものです。

- 毎時間の礼をするときの足はかかとをつけてつま先を開き、手は腰の横で指を伸ばす、頭を上げるのは1・2・3のタイミング
- 授業中は椅子の背もたれに寄りかかってはいけない
- 挙手をするときは真っ直ぐ伸ばして右手で手のひらを先生に見せるようにする
- 机上に置く教科書や筆箱は指定の位置へ置く

　これらのルールのほとんどは、本来、柔軟に対応できるはずのものばかりです。しかし、合理的配慮（38P参照）や個別支援を通常学級担任の先生方に提案すると、「ルールを変えると学級が乱れます」「私の学級のルールが守れるようになってから学習に参加してください」「ルールを守れないあの子の行動が問題行動です」と言われることがあります。

　こういった学級では、繊細で真面目な子ほどがんばりすぎてしまい、好奇心旺盛で活発な子ほど問題行動として指摘され、ついには学級にいることが難しくなってしまいます。このようなケースは珍しくありません。

　私たちは教育や保育のプロとして、学校や施設、学級、担任が**「発達障害をつくり出している事実がある」**ということに気がつかなければなりません。そして、自分たちの関わり方次第で、目の前の子どもたちの姿が変わるかもしれないということを、いつも心に留めておくべきなのです。

　生活年齢に合わせたルールや声かけは大切ですが、一人ひとりの発達年齢に合わせた関わりや柔軟な対応、そして、**子どもたちと共につくる学級を意識する**ことが大切です。

■ 二次障害につながる例

二次障害は本来の特性ではなく、不安や恐怖等の環境において二次的に発生する障害のことを指します。人的環境の視点から考えると、下記のようなケースは子どもが二次障害につながることがあります。

【例】
できる基準をもち出す

「○年生だからこれはできて当然！　できない子はうちのクラスにいらない！　幼稚園に戻ってください」と、子どもたちに言って机を廊下に出す。

不登校を責める

教育を受けさせる義務ではなく、学校に行かせる義務になってしまっている。最終的には、保護者が毎回電話するたびに「今日も休みます。申し訳ありません」と教師へ謝罪している。

宿題を終わらせることが目的になっている

宿題の目的が主体的な家庭学習（予習・復習）ではなく、指定されたドリルやプリントを終わらせることになってしまっている。学習を理解していても、宿題を忘れると休み時間をカットしてやらせている。

過度な反復学習をさせる

漢字の50問テストのあと、「間違った漢字は100回ずつ書いてきなさい！」との課題を出し、翌日できないと、さらに100回追加してやらせている。

職員室で聞こえる、あの言葉は大丈夫?

「自閉ちゃんだから、がんばれって言ったらダメでしょ」
「特別支援学級の子だからやらなくていいよ」
「一度決まった教育形態は、6年間変更できません」
「進学先は、障害があるので通常学級には在籍できません」

　このような診断名の有無や在籍場所で区別する言葉を学校内でしばしば耳にします。教育現場で、これらの言葉を耳にするのはとても悲しいことです。

　子どもたちに「差別はいけない」と指導しながら、一部の教育者が無意識に区別・特別視・差別をしてしまっている現実があります。こうした現実を、早急に変えていく必要があります。
　私たち教育者・保育者・支援者は、すべての子どもたちを分け隔てなく大切にすることができる存在でなければなりません。繰り返しになりますが、**子どもたちにとって、保護者や担任教師や担当支援者は、最大の人的環境**なのです。

 POINT!

- 障害名によって支援するのではなく、目の前の子どものありのままの姿を見ることが重要
- 学校や施設、学級、担任などが発達障害をつくり出している可能性があることを認識する

1-3 「問題行動」と呼ばれる行動を理解する

授業中に走り回ったり、かんしゃくを起こすなどの「問題行動」の背景にあることを理解しましょう。

💡 問題行動ではなく、「助けてのサイン」かもしれない

　近年、特別支援教育の制度を活用している児童・生徒数が増加し続けています。これは障害児が多くなったわけではなく、「困り感が細分化されたことでより専門的に観察されるようになり、支援につながったケースが増えた」ことを実感しています。

　いい意味で、教師の価値観が変容してきていることで、子どもたちの実態に合わせた教育形態の変更が柔軟に行われているのでしょう。教師向けの研修会などでも、発達障害や特別支援教育をテーマとした内容が多くなり、教師が子どもたちの実態を細かく把握できることにつながっていると思います。

　しかし、ここで気をつけなければならないのが、**「問題行動」と呼ばれる行動についての理解**です。

・授業中、走り回って、担任や友だちの頭を叩く
・自分の思い通りにならないと、かんしゃくを起こし、暴言を吐く

　このような行動だけを見て、授業に参加できない子や暴言を吐く子は、「自分や学級の授業を邪魔する問題行動のある子だから特別支援教育が必要ある」と結論づけてしまうと、**その子にとって根本的な解決にならないだけでなく、二次障害を発生させる原因となっ**

+ 困り感と表現の形 +

困り感

やりたいけど、
難しい状態

表現の形

泣く・叫ぶ・
かんしゃくなど

てしまいます。

　教師が「問題行動」と見る行動は、子どもたちからの最終的な「助けてのサイン」であり、その行動はその子の表現の形といえます。

援助要求スキルとは?

　「教えてください」「助けてください」など、不安なときや困ったときなどに、言葉やジェスチャー等で他者に助けを求めることができるスキルのことを「**援助要求スキル**」といいます。

　この援助要求スキルは、成長とともに、保護者や教師や友達などとの関わりのなかで身につけていくものです。私たちをふくむ、人的環境によって育つことを理解しておく必要があります。

　援助要求スキルを獲得する前には、騒ぐ、飛び出す、怒る、泣く、ものを投げるなどが表現の形として表出されることがあります。

 POINT!

- 困ったときなどに他者に助けを求めることができる援助要求スキルは、人的環境によって育つ

1-4 特別支援教育の視点から環境調整をする

特別支援教育の視点は、困り感を多角的に把握する視点であり、一人ひとりの「強み」を発見していくことも重要です。

💡 子ども一人ひとりに合った学びの提供

大前提として、**環境調整は「すべての子ども」に提供される**ものです。「特定の子どものための特別なアプローチではない」ことを忘れてはいけません。学校教育の現場では、実態把握や相談から指導・支援内容を計画し、すべての子どもが対象である「**特別支援教育の視点」から環境調整をすることが大切**です。

平成19年4月に特別支援教育（どの学びの場であっても、子どもたちの自立や社会参加に向けた主体的な取り組みを支援するという視点に立った教育）が本格的に実施されてから十数年が経ちました。教育現場では、特別支援教育の制度や個別支援への理解が徐々に広まりつつあります。

同時に、子どもたちの「書くことへの困り感」「計算することへの困り感」「見ることへの困り感」など、**教育的ニーズの広がりと困り感が細分化されてきている**のを感じます。

支援の内容についても、学校生活全体を通して支援を必要とする場合や特定の学習や活動のみ支援を必要とする場合など、支援の頻度や方法についてもさまざまです。

そのような現状のなか、子どもたち一人ひとりに合った生活・学習を提供するために、環境調整という視点を教育に取り入れていく

ことが、現在の教育現場の使命であり、課題であるといえます。

　「特別支援学校」「特別支援学級」「通級による指導」「通常学級」「訪問学級等」などといった学びの場に関係なく、一人ひとりに合った学びの実現が大切です。

■ 義務教育における連続性のある学びの場

自宅・病院における訪問学級　特別支援学校　特別支援学級　通級による指導　通常学級　専門的スタッフを配置しての　通常学級　専門的な助言を受けながらの　通常学級

　「共生社会の形成に向けたインクルーシブ教育システム構築のための特別支援教育の推進（報告）」（中央教育審議会初等中等教育分科会［平成24年7月23日］）には、次のように示されています。

就学時に決定した「学びの場」は固定したものではなく、それぞれの児童生徒の発達の程度、適応の状況等を勘案しながら柔軟に転学できることを、すべての関係者の共通理解とすることが重要である。

💡 特別支援教育の視点とは?

　冒頭で「環境調整はすべての子どもに提供される」と述べました

が、特別支援教育の視点についても同様のことがいえます。

　特別支援教育では、すべての子どもの自立と社会参加を目指します。主体的な学びを支援するという立場を軸に、一人ひとりの教育的ニーズや強みを理解・把握します。

　そのうえで、**子どもの能力が最大限に発揮できる環境を整え、生活や学習にある困り感を改善・克服するための適切な指導を行っていきます**。これが特別支援教育と考えます。

　では、特別支援教育の視点とは何でしょう。それは、「**困り感を多角的に把握する視点**」であるといえます。多角的に把握しようとすると、多くの背景要因の可能性が浮かんできます。

■ 書くことが難しいという困り感の場合の例

- 手指運動の視点 …… 鉛筆を操作することが難しい
- 視機能の視点 ……… 文字の形をとらえることが難しい
- 情緒の視点 ………… 同じ漢字を何度も書きたくない
- 感覚の視点 ………… 鉛筆から書く感覚が伝わりにくい

　同時に、**一人ひとりの「強み」を発見していく視点も重要**です。「強み」とは、好きなことやできること、やりたいこと、安心できる人、視覚や聴覚など、学びに活かすことのできる視点すべてを指します。「強み」が、本人の困り感の改善・克服につながります。

💡 困り感とは?

　本書でお伝えする困り感とは、「できないこと」「苦手なこと」「障害があること」ではなく、「**本人にやりたいという意思はあるが、自己解決が難しい状態**」とします。

たとえば、次のような状態です。

- 座って学習したいけど、周りが気になって立ち歩いてしまう
- 教師の声を聞きたいのに、音が大きくて、頭が痛くなる
- 友達と仲よくしたいけど、体に触れられると痛い

　上記のように、表現の形としてその行動が見られ、「○○したいけど、○○することが難しい」ことを本人が感じているときに「困り感がある」といえます。

　発達段階によっては、自分の気持ちを言葉で伝えることが難しい場合もあります。環境調整では、**「いま、子どもたちが何を求めていて、何に困っているのか？」**を察する力が重要になります。
　また、私たちが「察すること・気づこうとすること」と「決めつけること」は、まったく異なるため注意が必要です。十分な観察と言葉や表情・しぐさなどから感じるコミュニケーションを大切に、子どもたちの困り感に気づくことが大切です。

背景要因とは？

　「助けてのサイン」が困り感の「表現の形」だとしたら、「その困り感がなぜ起こるのか？」という困り感が起きるきっかけとなっている部分を「**背景要因**」といいます。

　背景要因を知ろうとすることは、その子の困り感を根本から改善・克服するためのアプローチであるといえます。
　日々、子どもたちが出している「助けてのサイン」を見逃さないようにしながら、**「子どもたちの行動の背景には、必ず要因がある」**という意識を大切にします。

1つの視点を多角的な視点へ

1つの視点だけ

記 憶

いくら記憶にアプローチしても改善しない

多角的な視点

記憶？
視覚？
情緒？
操作？
聴覚刺激？

視覚！

「視覚」へのアプローチが有効だとわかった！

＋ 環境から刺激を受けて出力するまでの流れ ＋

①刺激 目で見るもの、耳で聞くもの、相手の表情や言動など

②入力 視覚、聴覚、嗅覚、触覚、味覚など

③処理 暗算をする、記憶を思い出す、言葉を選択するなど

④出力 話す、書く、操作する、表情に出すなど

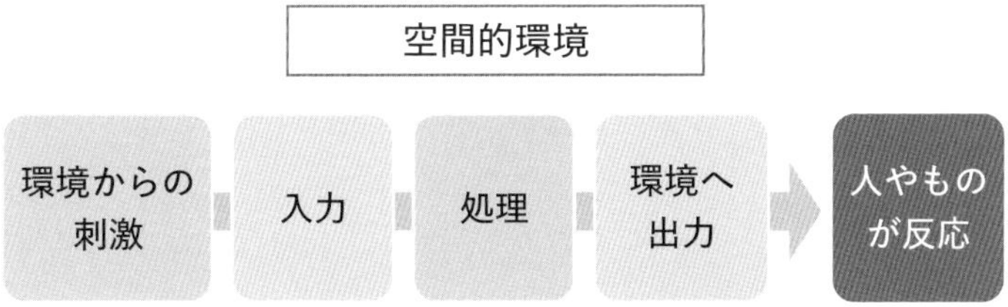

空間的環境

環境からの刺激 → 入力 → 処理 → 環境へ出力 → 人やものが反応

💡 子どもたちの脳の特性に注目する

　子どもたちの実態を丁寧に把握しようとするとき、その子「個人」について考えることも大切です。

　知能検査や発達検査で実態を把握することも１つの方法ではありますが、**日常生活のなかにある姿（考える時間の長さや会話をする様子など）**からも丁寧に把握をしていきます。

　じっくり考えすぎて時間が過ぎてしまう子、自分の話したいことを順序立てて伝えることが難しい子など、その子のどの部分にアプローチすればよいのかを見定めていきます。

困り感を多角的に想像してみよう

握ること？

みんなの視線？

連続跳び？

左右の連動？

リズム？

目と手の協応？

着地したときに痛い？

　脳は、環境から受ける刺激に対して「**入力→処理→出力**」の流れ
で働いています。

　この力がスムーズに働くためには、情緒の安定や一定の語彙数の
獲得、短期記憶の保持などが必要です。そのため、子どもたちの実
態を把握するためには、脳の働きをふくむ、多角的で多面的な視点
が大切です。

多角的：さまざまな視点に立って物事を考える
多面的：物事を複数の面からとらえる

3つの環境の視点から強みを考える

環境	場面・強み	
	授業中	活かせる強み
自分自身	○○できる ○○が好き ○○な性格	教室で授業が始まると立ち歩いている。数字に苦手意識がある。算数の授業が嫌い	車が好き、運動が好き、A先生と遊びたい
人的環境	(誰)と一緒ならできる (誰)なら○○が難しい	A先生に理由を話すことができた。数字を読むことが難しい。目を見て具体的にほめると表情が明るくなる	静かな声かけであれば聞くことができる
物的環境	(もの)を○○するとわかる	おはじきやビー玉を操作すると集中して学習することができる。ザラザラシートで数字を指でなぞれる	手で触れる教材を楽しんでいる
空間的環境	(どこ)であれば○○できる	特別支援学級で少人数であれば、落ち着いて授業に参加できる。パーテーションがあり、個別空間があると安心する	小人数を好む。一人になる時間があると落ち着く。淡い色が好き

 POINT！

● 環境調整では、「いま、子どもたちが何を求めていて、何に困っているのか？」を察する力が重要になる

23

子どもの強みと困り感に 合わせて環境調整を行う

子どもの強みは環境調整において重要なため、子どもと丁寧に話し 合って把握するようにしましょう。

💡 子どもたちの「強み」に注目する

　環境調整を進める際に重要になってくるのが「**子どもの強み**」です。一人ひとりの強みに注目することで、もてる力を最大限に活かしながら、効果的に環境調整を行うことができます。そして、最終的には生活・学習にプラスの影響を与えていきます。

　次ページの「強みリスト」のように、環境調整に取り入れることのできる強みはたくさんあります。その子のできることやわかること、好きなこと、やりたいことなどさまざまです。

　アニメのキャラクターが好きな子もいれば、草花が好きな子もいます。子どもたちにとって、自分の「強み」について教師と一緒に考えることは、とても嬉しい時間です。そのため、**強みの把握については丁寧に子どもたちと話し合っていきましょう**。

　そして、それらの強みは似ているようで一人ひとり違います。たとえば、「乗り物が好き」という強みがあったとしても、新幹線が好きな子もいれば、車が好きな子もいます。

　強みの詳細については、具体的になればなるほど環境調整に活かしやすいので、じっくりと観察・相談していきましょう。

　また、自分の強みに気づけない、または強みだと認められない子もいます。そういった子どもたちには、自分の強みについて知るこ

強みリストの例

自分のことが好き	調べることが好き
好きな食べ物がある	新しいことに挑戦できる
好きな色がある	発想力がある
好きな遊びがある	向上心があり、やる気がある
好きな漫画がある	自分に正直である
好きな場所がある	1つのことを継続できる
好きな人がいる	根気よく取り組む姿勢がある
鉛筆を持つことができる	人を好きになる愛情がある
鉛筆で線を引くことができる	やさしい言葉づかいができる
椅子に座ることができる	思いやりがある
話を聞くことができる	友達のアドバイスを聞くことができる
眼球運動がスムーズ	人を許すことができる
集中して、よく聞こえる	リーダーシップがある
体を動かすと落ち着ける	慎重に行動することができる
○○を知っている	気持ちをコントロールできる
○○のやり方がわかる	ありがとうと言える
○○ができる	ごめんなさいと言える
自分の将来に希望がもてる	感謝する心がある
笑いがわかる	美しさを感じることができる

とができるよう、十分に観察したあとに、その子の強みリストをつくりましょう。たくさんほめることも効果的です。

意欲を高める環境調整

「見るとわかる！」という強みを活かした事例を紹介します。

次ページの写真は、公立小学校自閉症情緒障害特別支援学級の児

童用ロッカーの様子です。

　このロッカーでは、1人につき最大6か所のスペースが設置されています。教室や廊下のいたる所に荷物が点在しているよりも、自分の所有物が置いてある場所が決まっていて、「ランドセルは左上」「図工セットは左下」など、スペースごとに入れるものが明確になっていることで収納しやすくなります。

　きれい好きだけど片づけることが苦手な児童や片づけたいけどやり方がわからない児童にとっては、**ロッカーという空間を広げること、区切ることは効果的な場合が多い**です。自分で整理整頓できるように調整がされています。

【ロッカー配置】

〈左上〉ランドセル、水筒、通学帽子

〈左中〉体育セット

〈左下〉図工セット、習字セット

〈右上〉教科書 ノート

〈右中〉給食用白衣

〈右下〉音楽セット、算数セット

児童と一緒に配置を決定する
ことが大切です

🔘 背景要因にアプローチする環境調整

　子どもたちの困り感の背景要因についてアプローチする方向性や目標設定をしたら、子どもと相談しながら環境調整をしていきます。「上履きに締めつけられている感覚が痛い」という困り感について

「感覚」にアプローチした事例を紹介します。

公立小学校自閉症情緒障害特別支援学級の児童用座席です。白いテープは、学習するときの自分のスペースを示しています。足元には、児童と一緒に考えた配置で環境調整がされています。

【足元の配置】

〈左側〉黄色の足型マットを片づけるスペース
〈中央〉着席時に足を置く黄色いマット
〈右側〉上履きを脱いだときに並べておくスペース

> 「上履きを脱ぎたいけど、長い時間、床に足を置くのは嫌だ」という相談を受けたことから、黄色の足型マットを配置しました

「授業中に上履きを履いていなければならない」という固定概念を「上履きを脱げば授業に集中できる」という発想に切り替えました。環境調整には、こういった発想の転換も大切なポイントとなります。

 POINT!

● 環境調整は、子どもの強みに合わせたり、困り感の背景要因にアプローチすることが重要

子どもの実態を把握する アセスメントのしかた

インフォーマルアセスメントは、多角的・多面的な視点で行うことが非常に重要です。

💡 インフォーマルアセスメントの特徴

　インフォーマルアセスメントは、特別な場所や時間ではなく、日常の生活場面で子どもの普段の姿を観察するアセスメント方法のことです。子どもたちとの時間ではアセスメントの場面が多くあり、アセスメント後に指導や支援に反映しやすいのがメリットです。

　一方、フォーマルアセスメントは、標準化された知能検査等を指します。本書では、インフォーマルアセスメントを以下のように定義します。

①内容が標準化されていない

　⇨信頼性や妥当性が保証されるものではない

②さまざまな解釈をすることができる

　⇨複数人の解釈や多角的な視点で解釈することができる

③金銭的なコストがかからない

　⇨日常的に子どもたちと関わっている人の観察が中心となる

④追加で情報を得ること、修正することができる

　⇨子どもたちの成長に合わせて、毎日、毎月、毎学期など定期的に情報を追加することができる

⑤チェックリストなどがあれば、子どもたちが自分自身を評価することができる

　⇨子どもが自分自身を見ること、知ることができる

インフォーマルアセスメントの例

家庭での子どもの様子を観察すること

- 母子手帳や幼稚園の連絡帳などの幼少期の記録
- 食事の量や睡眠時間、生活リズム
- 好きな遊びや食事の様子、家庭での過ごし方
- 気持ちの浮き沈みや感情表出　など

本人や保護者との面談やアンケートで把握

学校での子どもの様子を観察すること

- 日々の健康観察
- 登下校や給食、休み時間などの生活態度
- 着席姿勢や音読、発表、授業態度
- ノートや作文、作品
- 授業中のテストや学力テスト
- 気持ちの浮き沈みや感情表出
- 個別の指導・支援計画や要録、引き継ぎ資料　など

担任や専科の教師の観察を中心に把握

　インフォーマルアセスメントで非常に重要なのが、**多角的・多面的な視点で行うこと**です。観察者である教師や保護者が、「この子はこういう子だ」と決めつけないようにしましょう。

　そして、丁寧にアセスメントするために、子どもたちに関わる複数の人たちと一緒に観察・相談をしましょう。

　子どもたちの「これまでを知り、いまを見て、未来を創造する」ことで、より丁寧に関わることができると考えています。

💡 知能検査の数値が向上した事例

事例：IQ 62といわれたYさん

　Yさんは、小学校入学の頃からうつむいていることが多く、食べられる給食の量も少量でした。遅刻が多く、やる気がないと毎日のように担任に怒られていました。

　小学4年生のときに、教育形態の変更の話があり、知能検査を受けました。全検査IQは62でした。その判断結果をもとに教育委員会は、知的障害特別支援学級の判断を出しました。

　Yさんが小学5年生のときに、新しく特別支援教育コーディネーターが配置されました。コーディネーターの丁寧な指導のもと、各種アセスメントを実施し、日常生活のなかから「情緒的な困り感」の強さを感じ、アプローチを開始しました。すると、生活リズムが改善してきたと同時に学習意欲も向上してきました。

　小学6年生になり、知能検査を実施したところ、全検査IQは102（ワーキングメモリについては118）という結果でした。教育委員会は知的発達の遅滞がないとして、自閉症・情緒障害特別支援学級への判断基準を出しました。

　この事例からわかることは、**検査の数値のみで判断するのではなく、インフォーマルアセスメントと併せながら実態把握する必要がある**ということです。

　特に情緒面での課題がある子どもたちにとっては、検査当日の検査者の言動や実施場所、日時によって結果が異なることも想定されます。したがって、**検査実施中の様子を記録した所見と併せて結果を見ることが重要**です。可能であれば、検査者からカンファレンス

＋　アセスメントを開始する際に必要な情報　＋

● 例：公立小学校における学びの場の選択

家庭	・生育歴 ・これまでの家庭や学校での情報 ・過去の心理検査や発達検査の結果 ・医療歴および診断　など
在籍する 学校	・学校の基本情報（在籍児童数や教員の数、特別支援 　学級の有無、登下校の距離） ・校内の特別支援学級の制度 ・教員の意識や価値観 ・管理職の方針・意識・価値観（特別支援教育への理解） 　　　　　　　　　　　　　　　　　　　　　　など
地域の 関係機関	・病院・施設・訓練機関などの利用の有無と頻度、行政 　との連携の有無、地域性 ・特別支援学校のセンター的機能の活用の有無 　　　　　　　　　　　　　　　　　　　　　　など

● 就学相談で活用されるフォーマルアセスメントの例

- WISC-V
- 田中ビネー知能検査 V
- 新版 K 式発達検査　など

を受けることが望ましいです。なお、アセスメントを開始する際に
必要な情報は上記の通りです。

 POINT!

- インフォーマルアセスメントは、アセスメント後に指導や
  支援に反映しやすいメリットがある
- 知能検査では、検査実施中の様子を記録した所見と併せて
  結果を見ることが重要

教室にいる誰もが学べる環境調整を目指す

すでに理解している子や丁寧に学びたい子など、それぞれの子どもに合わせて支援することが重要です。

💡 すべての子どもに合わせた授業

　小・中学校教育では、生活年齢に沿って定められた学習指導要領に応じて授業が計画されます。集団で環境調整を進めていくうえで大前提となるのは、「**すべての子どもに必要に応じて環境調整をすることができる**」ということです。

　たとえば、教科のテストでAさんは100点、Bさんは80点、Cさんは20点であったとします。当然、Aさんはほめられ、Bさんは理解できるように解説や復習、Cさんは個別指導・支援が実施されると思います。

　ここで忘れられてしまうのがAさんです。100点という数字は他の子と同じでも、理解の習熟度が深く、解答スピードが速いとしたらAさんの心境はどうでしょう。もしかすると、すでにわかっている内容の授業をただ聞いていたり、テストは開始10分程度で終了し、ただ待っていただけかもしれません。

　学校教育では、100点以上の子どもたちを支援する環境が整えられていないのが現状です。「個別支援＝発達障害児」という認識が高いように感じますが、診断名の有無にかかわらず、「**すでにわかっている子**」も「**丁寧に学びたい子**」にもフォーカスできるような授業を目指していくことが大切です。

　そこでキーとなるのが環境です。3つの環境それぞれの視点を大切に、柔軟な授業が展開されることが望ましいと考えます。

学びのダイヤモンドのイメージ

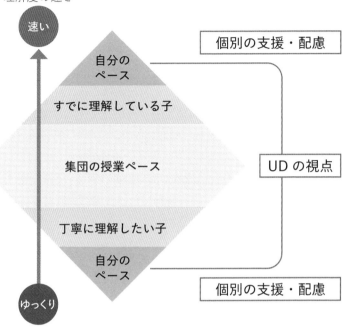

理解度の速さ

速い

個別の支援・配慮

自分の
ペース

すでに理解している子

集団の授業ペース

UD の視点

丁寧に理解したい子

自分の
ペース

個別の支援・配慮

ゆっくり

UD（ユニバーサルデザイン）の視点

誰もが参加でき、誰もが活動でき、誰もが理解できること。

不登校について

近年の不登校は、「学校に行きたくても行けない子どもたち」と「学校に行っても自分の学びができないから、あえて行かない子どもたち」の2パターンがあります。

ギフテッドについて

生まれつき知性が高く、年齢相応ではない才能を見せる子どもたちがいます。算数が得意で声をかけても聞こえないほど没頭したり、芸術的な才能を発揮したりします。このような子どものことを「ギフテッド（Gifted）」と呼びます。

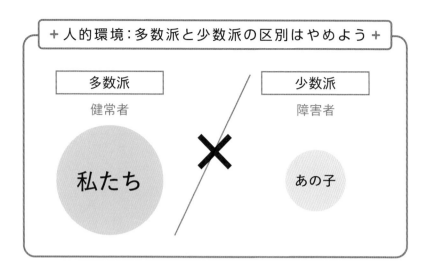

スペクトラム的に考える

「人はみな、人である」

これは、講演会などの際に必ず伝えている言葉です。人は、「多数派である私たちが普通である」という感覚を無意識のうちにもってしまいますが、少数派だからといって差別や不当な扱いを受けていいはずがありません。「私とあの子は違うけど、私たちとあの子は同じである」という意識が大切です。

右図のように、スペクトラム（境目のない連続体）的に考える際には、**「私もあなたも同じ線上にいる」ことを意識することが大切**です。そして、そのスペクトラムは項目ごとに細分化して考えることが必要です。

漢字を書く力はどうだろう？　漢字を覚える力は？　ローマ字でタイピングするスピードは？

こうして項目ごとに考えていくと、**子どもたち一人ひとりの強みについて再確認することができ、支援が必要な場面を明確にするこ**

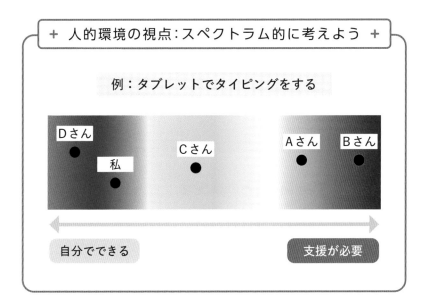

人的環境の視点：スペクトラム的に考えよう

例：タブレットでタイピングをする

Dさん
私
Cさん
Aさん
Bさん

自分でできる　　　　　　　　　支援が必要

とができます。

　教室のなかの誰もが活躍できる環境を整えるためには、子どもたちのどの強みを活用し、どの困り感にアプローチが必要かを環境調整の「○○なら△△できる」の視点で考えていくことが大切です。

 POINT!

● 集団で環境調整を進めるうえで大前提となるのは、「すべての子どもに必要に応じて環境調整をすることができる」ということ
● 子どもを項目ごとに細分化して見ることで、個々の強みを再確認することができ、支援が必要な場面を明確にすることができる

1-8 環境調整は インクルーシブ教育の土台

環境調整を進めるうえでは当事者の声を聞くとともに、共に過ごす子どもたちと共通理解が得られるようにします。

💡 当事者の声を聞くことの重要性

当事者の声を聞くことは、環境調整を進めるうえで欠かすことができません。これは教材の作成でも同じですが、教師や教師と保護者だけで決めてしまうと、当事者にとって急な予定変更や環境の変化に戸惑うきっかけになってしまい、二次障害を誘発する原因になることもあります。

教室全体や共有スペースの環境調整をする場合は、その環境に関わる人すべてが当事者となります。全体へ相談することが難しい場合には、十分な理解を得られるように配慮をします。

個人の使用する机や教材についても同様に、まずは当事者である本人と相談をする。次に、同じ教室で共に過ごす子どもたちと共通理解が得られるように話を進めます。特別扱いにならないように生活年齢に応じた声かけをします。

本人と共に過ごす人の丁寧な共通理解は、**インクルーシブ教育の土台**となります。インクルーシブ教育は、障害の有無にかかわらず、個人に必要な「合理的配慮」のもと、子どもたちが平等に教育を受ける仕組みです。そのため、**それぞれの目標に向かって「自分の学び方を自分で選べる選択肢がある」「環境調整を自然に受け入れられる」**ことが必要です。知らないことにフタをせず、非難せず、受け入れることができる姿勢を育んでいきましょう。

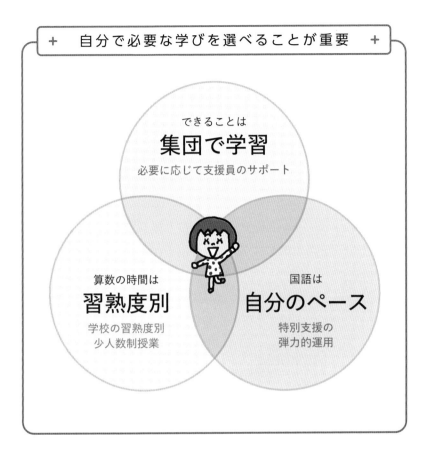

図中：
自分で必要な学びを選べることが重要

できることは
集団で学習
必要に応じて支援員のサポート

算数の時間は
習熟度別
学校の習熟度別
少人数制授業

国語は
自分のペース
特別支援の
弾力的運用

■ 継続できる学びの場を提供する

環境調整は継続することが重要です。人・場所・金が過度な負担にならないよう、校内の教室数や教員数に応じて、継続できる学びの場を設定することが大切になります。

環境調整を行う教師や保護者が、無理のないペースで「把握・計画・環境調整・実行・評価」のサイクルを継続できるように、教職員や保護者などの関係者がチームで取り組んでいきましょう。

💡 合理的配慮とは？

　合理的配慮とは、障害のある子の人権が障害のない子と同じように保障され、教育や就業などの社会生活において「平等に参加」できるよう、それぞれの障害や特性、困り感に合わせて行われる配慮を指します。

　日本では2016年4月に施行された「障害を理由とする差別の解消の推進に関する法律（通称：障害者差別解消法）」により、必要な人に必要に応じて合理的配慮を可能な限り提供することが、学校・企業・行政などの事業者に求められるようになりました。

　学校生活においては、**日常生活のすべての場面が合理的配慮の提供範囲**となります。廊下や階段を移動する、授業に参加する、テストを受ける、成績や評価の基準や伝え方、行事への参加、給食や排泄、教師や友だちとの関わりなど、さまざまな場面で困り感が想定されます。

　そして、子どもたち一人ひとりの困り感によって、合理的配慮の内容や方法が変わってきます。診断名や生活年齢で配慮の内容を決めるのではなく、**本人・保護者・学校・関係機関がチームとなって相談をしていくことが大切**です。子どもたちに関わる人が1つの輪になるように、共通理解をして話し合うことが重要です。

　合理的配慮は、配慮ばかりに目を向けるのではなく、本人と共に本人が抱える困り感や困難な場面、配慮が必要な理由を、**丁寧に話し合って認識・理解・受容を深めることが重要**です。教師からの一方的な配慮ではなく、本人と関わる人と共に相談・決定していきましょう。

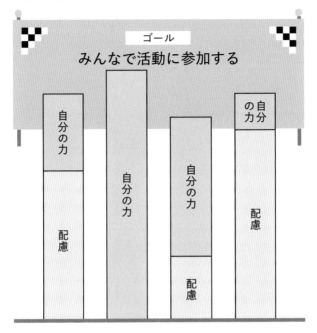

合理的配慮で活動に参加する

ゴール

みんなで活動に参加する

スタート

「みんなと同じことをすることが当たり前」ではなく、「それぞれの参加方法で、活動や社会に参加する」ことが大切です

 POINT!

- インクルーシブ教育で必要なのは、目標に向かって自分の学び方を自分で選べる選択肢がある、環境調整を自然に受け入れられること
- 学校生活では、すべての場面が合理的配慮の対象となる

第1章 環境調整の特徴とは？

39

コラム

アセスメントの限界を知ろう！

　本書では、さまざまなアセスメントツールを紹介しています。これらは、あくまでも子どもたちの実態を把握するための「視点の1つ」であることをご理解ください。

　1-6 で紹介した「インフォーマルアセスメント」にも限界があります。子どもたちを観察する際のデメリットには、「信頼性・妥当性が保証されていない」「観察者と子どもの関係により結果が変わる」「主観が入りやすい」などが考えられます。

　特に「主観が入りやすい」という点については、観察する人によって知識や経験、子どもと過ごす環境が違うことが大きな要因となります。

　知能検査などの「フォーマルアセスメント」も同様です。デメリットとしては、「子どもの情緒や体調によって結果が変わる」「検査者との関係が結果に影響する」「数値では見えない部分を読み解くことが難しい」などが考えられます。

　アセスメントで大切なのは、「子どもの視点に立って観察すること」「多角的に解釈すること（自分の解釈の傾向を知っておく）」「チームで観察すること（複数人で観察をする）」「インフォーマルとフォーマルを組み合わせること」です。

　「目の前の子どもたちにどんなアセスメントがいいのか」を、子どもたちと関わる人がチームとなって相談することも重要です。

第 2 章

環境調整を
進める際のコツ

この章では、環境調整と成功体験の関係や環境調整の
特徴、環境調整における即効性と持続性について、自
立活動やさまざまな支援方法など、環境調整を進める
うえでのコツを説明します。

2-1 環境調整と成功体験の関係

「自分を好きでいる力」は、成功体験を積み重ねることによって育まれていきます。

💡 自己肯定感の向上を目指す

生きていくうえで一番大切なことは何でしょうか？

私が考える「生きていくうえで一番大切なこと」は、**自分を好きでいる力**です。自分を好きでいる自己肯定感があるから自信をもつことができるし、新しいことに挑戦することができます。

毎日、「自分のことが好きだ！」と意識する人はなかなかいないと思いますが、無意識下で自分を肯定できる力は、生きていくうえで非常に重要になってきます。

では、「自分を好きでいる力」はどのように育っていくのか。それは、誰かと一緒や自ら環境に触れ、自分自身をほめたり相手からほめられる体験を繰り返し、**成功体験（次のステップにつながる体験）を積み重ねること**によって育まれていきます。

「苦手なこともあるけど、自分には素敵なところがある」
「失敗をしてしまったけど、もう一度やってみよう」

そう思える心の基盤を育てることができるのは、子どもたちの目の前にいる私たちであり、**成功体験を積み重ねることは、環境調整の第一の目的**ともいえます。

成功体験で自尊感情が高まる

成功体験

「成功体験」は、生活・学習の場面において自分で「わかった」「やってみた」「できた」という経験です。

たとえば、「縄跳びで連続前回し跳び10回に挑戦したけど、8回目でつまずいてしまった。だから成功体験ではない」ということではなく、子どもによっては、跳ぶことに挑戦できたこと、その場に入れたこと、5回までを定期的に連続で跳べたことが成功体験になることもあります。教師の声かけや認め合える雰囲気などのなかで、生きていくために大切な感情が育まれていきます。

成功体験の積み重ねが自尊感情を高める

自尊感情

「自尊感情」は、自分の存在そのものを認めることができる状態です。無条件に受容・承認されるときに起きる感情で、自分そのものを認めています。

保護者や教師など、周囲の大人から尊重されて存在価値を認められることで、自尊感情を高い状態で維持できると考えられます。

なお、学級経営では、自分が誰かの役に立った、誰かに喜んでもらえたと感じる「自己有用感」を大切にしましょう。この感情は、子どもたちの人的環境との関わりのなかで育まれます。

🔎 子どもたちは環境に関わりたい

環境調整には、**自発的な学びを創造する側面**があります。

子どもたちは、自ら環境に関わっていきます。それは、「やってみたい！」「もっと知りたい！」という好奇心があるからです。

新しいことを知りたい気持ち、知っていることをさらに掘り下げたい気持ちです。楽しいときや嬉しいときは時間があっという間に過ぎ、好きなことだとどんどん覚えたりします。

前向きに取り組む気持ちが学習意欲につながり、脳を活性化させて学習効果を高めているのです。

私たちは、「子どもたちが環境（人・もの・空間）に対してどのような反応をするかな」と考えることが大切です。子どもたちの生活年齢や実態に合った環境に整えましょう。結果として学習意欲の向上につながります。

そのために大切なのは、下記の環境を調整していくことです。

【ひと】教師も知的好奇心をもつ

【もの】知的な刺激や情報のある環境を設定する

【空間】目標に向かって学び方を選択できる環境を設定する

環境調整は、困り感のある子どもだけではなく、すべての子どものためにあります。

快適な環境や楽しい環境、ときめく環境、そのどれもが教師の意図するなかでデザインされていくことが望ましいです。

作品を額に入れるだけで、美術館のような空間になる

逆に、子どもの行動をしばっている、子どもに考えさせないなどの環境は、子どもの成長にとって妨げになってしまうので、注意が必要です。なお、好奇心には以下の2つがあります。

> 拡散好奇心……さまざまな分野について興味があり、広い分野
> を知りたいという欲求
> 知的好奇心……関心のある分野について知りたいと思う欲求

自分のペースで学べる環境

子どもたちが主体的に関わりたくなる環境は、以下が意図的に整えられた環境です。
- 安心して過ごすことができる（五感への心地よい刺激など）
- 少し努力するとできる（課題の量、難易度の調整など）
- 清潔感のある空間（整理整頓、構造化、季節感など）

子どもたちが望んだ学びの場でどのように環境を調整するかによって、子どもたちの「生活したい！　学びたい！」という意欲は大きく変動します。

パーテーションで刺激量の調整

教師の存在を感じられる座席

POINT!

● 環境調整には自発的な学びを創造する側面があり、環境を整えることが、結果として学習意欲の向上につながる

2-2 自分でできるよう「調整」のバランスを考える

環境調整が多すぎると「○○してもらえる」状態が当たり前になるため、子どもが主体的に行動できる範囲で考えます。

💡 調整のバランスが重要

環境を調整していくことはとても重要です。環境調整は、**定期的な評価と目標設定を継続的に行っていきます。**

たとえば、子どもたちが季節感を味わえるように、空間的環境を整えたとします。しかし、12月になっても4月の飾りのままでは、季節感を感じることはできません。「季節感を味わいたい」という目標設定であれば、年間を通して、毎月、壁面飾りを変えたり、絵本を選定したりするなど、評価と目標設定が必要です。

学習の場合、環境調整をした次の日に目標達成するかもしれませんし、もしかすると1か月かかるかもしれません。必要なときに必要な分だけ、環境から苦手な部分を補ったり、得意な部分を活用したりできるようにします。

環境調整が多すぎると、**「○○してもらえる」状態**になってしまいます。いつの間にか環境を整えてもらうことや支援されることが当たり前になってしまわないように注意が必要です。だからこそ、「調整」することが大切なのです。

子どもたちが、「自分で○○ができた！ できるようになった！」という喜びを感じることができるように、**スモールステップ**（目標を細分化する手法）で進めていきます。継続的・定期的に環境を調整していくことが重要です。

■ 満水の目印をつけた絵の具用水バケツ

【物的環境の調整】

- 絵の具の水バケツ

【準備物】

- ビニールテープ
- 油性マジック

【環境調整のバランス】

水をここまで入れることを知らせる赤テープ

絵の具の水バケツを例に調整のバランスを考えます。

子どもたちが「自分で水を入れたい。でも、こぼしてしまい、叱られる。最後は教師が行う」という悪循環にならないように、その子ができるであろう環境に調整（人：子どもに必要な分の声かけ。もの：赤テープで満水の位置を可視化。空間：歩きやすい動線）することが大切です。いつでも、子どもたちの成功体験を第一に環境調整を考えていきます。

💡 待つことの大切さ

　物的環境や空間的環境を調整していくと、**子どもたちが主体的に行動できることが増え、結果として教師からの声かけは減っていきます**。これは、自立へのステップとしてとても大切なことです。

　子どもたちが環境を通して考えて行動することができる＝必要最低限の声かけでの活動や学習が成り立っていきます。

　子どもたちが目標に向かって自力解決できるように、**「待つ」「見守る」**ことを大切にします。このとき教師の心構えとしては、「子どもたちが自分でできると信じているから待つ」ことを意識します。

　いくら環境調整をしても、子どもが自分でやり遂げることができず、泣いてしまったり、投げ出したりしてしまっては成功体験にはつながりません。「気持ちのコントロールの学習をしているときに意図的に泣き止むのを待つ場合」などを除いては、子どもたちが助けてのサインを出したときには、相談して環境を調整することが重要です。「（相談や環調整を十分に行ったうえで）できると信じているから待つ」ことを大切にしましょう。

　実際の授業場面などでは、活動・学習が始まった際に「いま、何を学ぶのか？　何をする時間なのか？」など、**子どもたちが見通しをもっていること**が大前提です。見通しをもつことが難しい子どもには、予定がわかるように可視化した教材などで視覚支援を行うなど、物的環境を整えることが大切です。

　次のステップへ進むタイミングでは、**「相談・説明・目標設定」を毎回行うようにします**。これまであった物的環境が急になくなり、戸惑ったり、不安になることのないよう、子どもたちや保護者、関係者と共通理解をもつことが必要です。

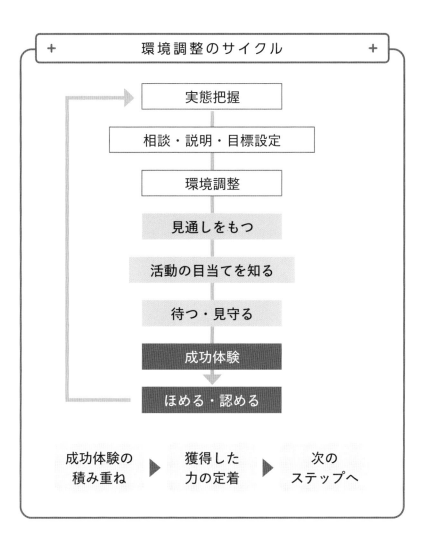

環境調整のサイクル

```
        実態把握
          ↓
  相談・説明・目標設定
          ↓
        環境調整
          ↓
      見通しをもつ
          ↓
    活動の目当てを知る
          ↓
      待つ・見守る
          ↓
        成功体験
          ↓
     ほめる・認める
```

成功体験の　　　獲得した　　　　次の
積み重ね　▶　力の定着　▶　ステップへ

 POINT!

● 子どもたちが目標に向かって自力解決をすることができる
ように、「待つ」「見守る」ことが重要

環境調整の即効性と持続性

環境調整を考えるときには、即効性があることと持続性があることを意識しながら行います。

環境調整の即効性

環境調整を考えるときには、**即効性があること**を意識します。子どもたちが自分の力で課題を解決することができるように計画し、必要最低限の環境を整えます。

ここでお伝えしている即効性とは、「子どもたちが困っているからすぐに何かをしよう」という行動力ではなく、「環境調整を開始して、子どもたちがその環境に慣れてきたときに、すぐに効果が出るような即効性」を意味しています。

たとえば、物的環境の調整で「姿勢の改善を目指す」場合、下記の方法などがあります。日常で使用する道具を調整することで姿勢改善につながるのです。

「○年生だから○号のサイズで」と一括りで考えるのではなく、一人ひとりの体格に適したサイズに調整することが大切です。

■ 物的環境の調整：姿勢の改善を目指す例

- 椅子の高さを調整する
- 椅子の背もたれの部分にマットを置く
- 椅子の座る部分にマットを敷く
- 机の高さを調整する
- 机の天板の広さを拡張する
- 机の天板に角度をつける　など

■ 物的環境の調整の具体例

◉ 机の天板に角度をつける

　教科書を読むときに顔を近づけて見る。ノートに字を書くときに鉛筆の先へ顔を近づける。そういった状態が長く続くと姿勢保持が長続きせず、疲れやすくなります。

　眼鏡などで視力を矯正することも検討しつつ、姿勢保持にアプローチできるように天板の角度を調整すると効果的です。段ボールで作成したアセスメント用の天板角度調整教材を紹介します。

　たとえば、どうしても顔が下がってしまう、高さの高い机しかないなどの場合には、譜面台を使用するなど、顔や腰が曲がりすぎないように体の負担を軽減します。子どもたちの無意識に感じているストレスに気づくことが大切です。

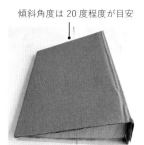

傾斜角度は 20 度程度が目安

◉ 手洗い時間を知らせるタイマー

【視覚的アプローチ】

　決められた時間になると光って知らせてくれます。視覚優位な子におすすめです。

光って知らせる

音で知らせる

【聴覚的アプローチ】

　決められた時間になると音を鳴らして知らせてくれます。聴覚優位な子におすすめです。

💡 環境調整の持続性

　環境調整を考えるときには、**持続性があること**も意識します。調整を開始してから1週間、1か月、半年など、長期にわたって継続する必要性が予想できるため、「共に生活・学習する人たち」にとって無理のない環境に調整していきます。

　その際には、次ページに示した「持続可能チェックリスト」を確認しながら、その環境調整が持続可能かどうかを判断していきましょう。

　子どもたちは、知的好奇心のカタマリです。日々新しいものを発見し、知的な刺激を求めています。一方で、安心できる環境や自分の居場所も探しています。環境調整の「持続性」は、後者の「安心・居場所」につながっています。

　「できるようになったことを定着できるようにする」「授業に集中できるように安定した環境を整えるようにする」

　そうしたなかで、子どもたちが「もうこの教材なくても大丈夫」と笑顔で言えるタイミングがきたときに、環境調整の内容を修正・変更・継続等の評価と目標設定をしていきましょう。

■ 学習スペースを示す環境調整の例

　床のテープは自分の学習スペースを示しています。テープで区切ることで視覚的な理解と安心につながりました。

　日常生活の範囲では、3か月ほどテープはもちます。コスト的にも継続しやすいです。

自分のスペースを
可視化する

床のテープ

＋　　環境調整の持続可能チェックリスト　　＋

人的環境

☐ 誰かにとって過度な負担になっていないか？
☐ 声かけの回数は他の子どもたちとバランスが取れているか？

物的環境

☐ 過度にお金がかかっていないか？
☐ 教材が過度に重い、異臭がする、危ない部分があるなど、使用に最適なものになっているか？

空間的環境

☐ 毎日、過度な時間をかけて実施していないか？
☐ 学級の雰囲気は特別扱いになっていないか？
☐ 個人のスペースを取りすぎていないか？

 POINT!

● 環境調整の即効性は、環境調整を始めて子どもたちがその環境に慣れてきた際に、すぐに効果が出るような即効性を指す
● 環境調整は長期にわたって行われることが多いため、共に生活・学習する人たちにとって無理のない環境に調整する

3つの環境の特徴は?

ここでは、人的環境・物的環境・空間的環境それぞれの特徴を説明していきます。

💡 人的環境の特徴は?

教育現場にいると、「**教師は最高（最大）の教育環境である**」という言葉をよく耳にします。このような言葉は以前からありました。

思想家であり、哲学者でもあったオーストリア出身のルドルフ・シュタイナー（1861～1925）は、「教育は、自己教育です。どの教師も、自らを教育する子どもの環境でしかないのです。（後略）」（出典：『シュタイナー教育の実践』イザラ書房、1994年）という言葉を残しています。

子どもたちの目の前にいる私たちが、子どもたちにとっての最大の環境であり、子どもたちが育っていく環境の1つなのです。

毎日、「担任が怒っている教室」と「担任が笑顔でいる教室」では、どちらで過ごしたいでしょうか？　当然、担任の先生に笑顔で関わってもらえる教室を子どもたちは選択すると思います。

私たちは、**子どもたちが主体的に生活し、意欲的に学習できるような環境**の1つでなければいけません。子どもたちの生活年齢や学習深度、理解の方法などの実態に応じて、表情や姿勢、声の大きさ、声のトーンなどを使い分けながら環境調整を進めていくことが大切になります。

💡 物的環境の特徴は?

物的環境を考える場合、全体で共有する際には「**全員が使いやすいもの**」、個人で使用する際には「**強みを活かす or 困り感を補う**」という視点で考えていきます。

また、**子どもの感覚にも配慮をすること**が大切です。安心して触れられる素材、操作しやすい大きさや形、壊れにくく継続して使用できるものを想像する必要があります。

■ 例：立体化した日課表で、操作性をアップ

【作り方】
- スチレンボード
- マグネット
- 両面テープ
- 印刷後に
  ラミネート

操作しないものは、平面にして手がぶつからないようする

日直の子どもたちが操作しやすい！

【注意事項】

教材は、ついつい長持ちするようにラミネート加工をしてしまいますが、子どもたちの座席や天井の照明の位置によっては、光の反射で見えにくくなってしまう場合もあります（反射してまぶしい等）。

また、ラミネート加工はハサミで切ると角が鋭くなり、ケガをするおそれがあります。丸く滑らかに切りましょう。

💡 空間的環境の特徴は?

　空間的環境を考える際には、人的環境や物的環境に「場」の視点を取り入れます。**いま目の前にある「空間」そのものが空間的環境だと意識すること**が大切です。

　人・もの・場が空間的環境の要素だといえます。特に「場」は、空間の重要な要素になります。教室や体育館、廊下など、子どもたちが「生活する場」と「学びの場」には、さまざまな環境調整が行われています。

　私たち教師は、子どもたちが主体的に環境に触れ、環境から学びを得られるように環境調整をするプロでなければなりません。子どもたちの実態に応じて、教室や空間をデザインしていきましょう。

◉ 場を構成する 2 つの視点

【動線設計】

　動線設計とは、**その場に対して子どもたちがどのように近づき、移動し、そのなかで行動・活動するかを考えること**です。スムーズな動線や安全な動線は、生活する場や学びの場を考える際には重要になってきます。

【子どもたちという集団】

　場に人が集まり「空間」になります。教師と子どもの関わりに注目されることが多いですが、「子どもが子どもと関わる」「同年齢や異年齢の子どもと関わる」ことのできる機会が社会全体で減っている現代社会では、幼稚園や保育所、小学校や中学校は多様な考えをもった人たちと関われる貴重な場だと考えられます。

　同じ場で過ごす存在として、子どもたちという集団は、子どもたちの成長にとって必要不可欠なものです。

✦ 空間的環境の調整で考えられることの例 ✦

照明や自然光の明かり

暗すぎてもまぶしすぎても、生活や学びに支障が出ます。子どもたちと相談しながら、教室の明るさを調整しましょう。

音楽

「朝には季節の歌を流す」「歯磨きタイムの曲や授業開始のチャイムを設定する」「レクリエーションのときにはワクワクする曲をかける」など、音楽を効果的に活用しましょう。

香り

植物の香りや清潔感のある香りは、心身を健康にします。給食後や掃除中などは、十分に換気をしましょう。クールダウンしたいときにも、香りは効果的です（子ども自身が好きな香り）。

季節感

自然の流れに逆らうことなく、教室にも季節感を取り入れると、1年間の時間の流れを体感的に環境から学ぶことができます。

設備

快適に過ごすという視点では、掃除用具の収納やテレビ画面のサイズ、インターネット環境などを整えることは大切です。

 POINT!

● 空間的環境を考える場合には、人的環境や物的環境に「場」の視点を取り入れる

2-5 制度や医療につながる視点で教育を考える

子どもたちを支援するうえでは、「制度や医療とつながった経緯や子どもの実態の把握、関係機関の専門的な意見」を知るのが重要です。

💡 制度の活用や医療との連携

私たち教育者は、「指導・支援・環境調整」を計画するときに、**制度や医療とつながる教育の視点で考えることが必要**です。

制度も医療も教育も、目指す先はすべての子どもたちの自立と社会参加であり、未来の共生社会の創造です。

◎ 制度を活用する

たとえば、「公立の子育て支援センターからの巡回相談やアセスメント」や「特別支援学校のセンター的機能を活用した巡回相談」などの制度を利用することができます。

◎ 医療と連携する

たとえば、「保護者との情報共有で、治療・診察、投薬の有無など、子どもたちが安全で健康に過ごすことができるようにする」「知能検査の結果を指導・支援に活かすことができる」など、医療と連携しましょう。

💡 教育について考えてみる

子どもたちのよりよい生活・学習のために必要な情報とは何でしょうか？　ここで忘れてはいけないのは、療育手帳の有無や診断名を聞くことが目的なのではなく、**「制度や医療とつながった経緯や**

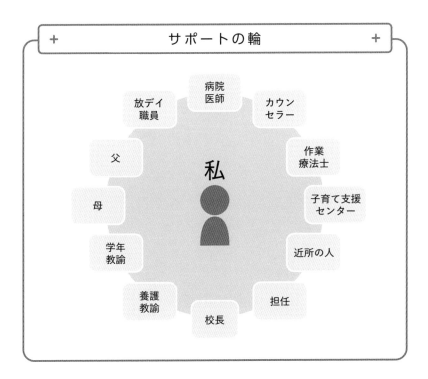

子どもの実態の把握、関係機関の専門的な意見」を知るのが大切だということです。

　そのためには、障害の有無に関係なく、すべての子どもたちの実態を丁寧に把握できるように、一人ひとりのサポートの輪を描くことが大切です。

💡 区別・特別視・差別

　話は変わりますが、教育現場で強く感じることの1つに「3つの別」があります。

　子どもたちを区別している場面、特定の子を特別視している場面、困り感のある子どもたちを差別している場面。そのどれもが見聞きしていて気持ちのいいものではありません。

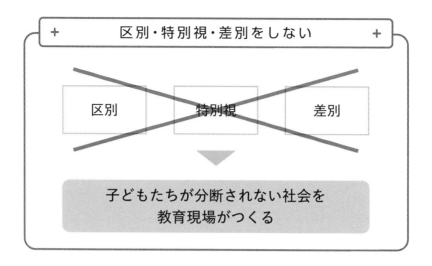

同じ学校で学ぶ子どもたちは、どの子も「同じ空間で過ごす子どもたち」なのです。

- あの子は特別支援学校の判断が出ているけど、措置違いでこの小学校に在籍しているんだって
- 特別支援学級の児童は学力テストに参加しなくていいです
- Ａさんだから本を読んでいていいです。ほかの人はダメです
- あの子は絶対に発達障害だよね

こうした「集団とあの子」という区別や「あの子だから」という差別や特別視は、教師の何気ない言動から子どもたちに伝わりますので、**一人ひとりを三別することなく見る姿勢を大切**にします。

また、診断名をつけることができるのは医師のみです。教育者が「あの子、絶対に発達障害だよね」などと言ってはいけません。
発達障害の特性を知ることや専門的な知識を指導・支援に取り入れることは大切ですが、**子どもたちに発達障害というレッテルを貼**

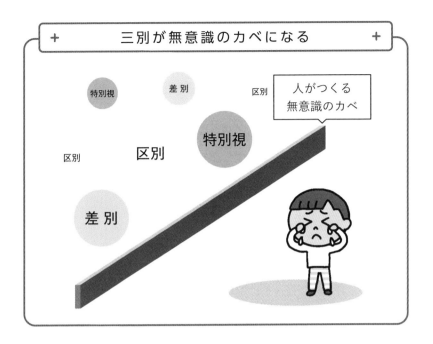

三別が無意識のカベになる

特別視

差別

区別　人がつくる　無意識のカベ

区別

特別視

区別

差別

るることは、差別をしているのと同じなのです。

　三別による集団がつくる無意識のカベが、困り感のある子どもたちを集団に入れにくくしてしまい、当事者である子どもの自己肯定感を低下させてしまうことがあります。

 POINT!

- 環境調整などを計画するときには、制度・医療とつながる教育の視点で考えることが必要
- 教育者は、子どもを区別・特別視・差別することなく見る姿勢が重要

第2章

環境調整を進める際のコツ

61

関連知識①
自立活動とは？

授業は、「自立活動の指導」と「自立活動の時間における指導」を通じて適切に計画する必要があります。

自立活動の特徴

　平成29年4月に告示された「特別支援学校小学部・中学部学習指導要領」の第7章では、自立活動の目標を「個々の児童又は生徒が自立を目指し、障害による学習上又は生活上の困難を主体的に改善・克服するために必要な知識、技能、態度及び習慣を養い、もって心身の調和的発達の基盤を培う」としています。

　自立活動の指導は、**すべての子どもたちが将来の自立と社会参加を目指し、障害による学習上または生活上の困難を主体的に改善・克服しようとする取組みを促す教育活動**としています。

　子どもたち一人ひとりの困り感の状態や特性および心身の発達段階等に即して指導することが大切です。そのため自立活動の指導では、一人ひとりの的確な実態把握に基づいて指導すべき課題を明確にし、個別の指導目標や具体的な指導内容を定めた「**個別の指導計画**」を作成することが重要です。

　また、実際の授業は「**自立活動の時間における指導**」と「**自立活動の指導**」を通じて適切に計画する必要があります。

　自立活動の授業のなかで、その子の実態に合わせて展開される「自立活動の時間における指導」を基本としながら、「自立活動の指導」は、学校の教育活動全体（各教科・領域等の授業の時間をふく

困り感への指導の例

困り感

文字の形をとらえることが難しく、マスのなかに漢字を書くことが難しい。

自立活動の時間における指導

- 手指の巧緻運動により、筆圧や鉛筆をスムーズに操作できるようにする
- ビジョントレーニング（67P 参照）で視空間認知の向上を図り、文字の形をとらえることができるようにする。

自立活動の指導

国語や算数などの時間に文字とノートの色のコントラストを調整することで刺激を調整する。ワークシートを拡大印刷して形をとらえやすくできるようにする。

む）を通して行われることが大切であると考えることができます。

6 区分から実態を把握→指導目標・内容の設定

自立活動の指導を考える際には、**6区分の視点**から実態を把握します。6区分には、「1. 健康の保持」「2. 心理的な安定」「3. 人間関係の形成」「4. 環境の把握」「5. 身体の動き」「6. コミュニケーション」があり、それぞれ関連しています（次ページ参照）。

自立活動の内容には、**「基本的な行動能力を獲得するために必要な内容」**と**「障害による学習上・生活上の困難を改善・克服するために必要な内容」**が示されています。

指導目標を設定する際には、まず、3年後の成長した姿を想像し

ながら「**長期目標**」を設定します。次に、1年後の姿、半年後の姿、1か月後の姿を想像しながら「**短期目標**」を設定していきます。毎学期・毎月の評価のタイミングで、児童の実態に合わせながら目標を修正・更新できるように柔軟に考えることが大切です。

　内容を設定する際には、6区分27項目をバラバラに指導するのではなく、子どもたちに必要と考えられる内容・項目を相互に関連づけながら指導することが望ましいと考えられます。

■ 自立活動の6区分 27 項目

1. 健康の保持

（1）生活のリズムや生活習慣の形成に関すること
（2）病気の状態の理解と生活管理に関すること
（3）身体各部の状態の理解と養護に関すること
（4）障害の特性の理解と生活環境の調整に関すること
（5）健康状態の維持・改善に関すること

2. 心理的な安定

（1）情緒の安定に関すること
（2）状況の理解と変化への対応に関すること
（3）障害による学習上または生活上の困難を改善・克服する意欲に関すること

3. 人間関係の形成

（1）他者とのかかわりの基礎に関すること
（2）他者の意図や感情の理解に関すること
（3）自己の理解と行動の調整に関すること
（4）集団への参加の基礎に関すること

4. 環境の把握

（1）保有する感覚の活用に関すること
（2）感覚や認知の特性についての理解と対応に関すること
（3）感覚の補助および代替手段の活用に関すること
（4）感覚を総合的に活用した周囲の状況についての把握と状況に応じた行動に関すること
（5）認知や行動の手がかりとなる概念の形成に関すること

5. 身体の動き	
（1）姿勢と運動・動作の基本的技能に関すること （2）姿勢保持と運動・動作の補助的手段の活用に関すること （3）日常生活に必要な基本動作に関すること （4）身体の移動能力に関すること （5）作業に必要な動作と円滑な遂行に関すること	
6. コミュニケーション	
（1）コミュニケーションの基礎的能力に関すること （2）言語の受容と表出に関すること （3）言語の形成と活用に関すること （4）コミュニケーション手段の選択と活用に関すること （5）状況に応じたコミュニケーションに関すること	

※出典：文部科学省「特別支援学校小学部・中学部学習指導要領　第7章　自立活動」
https://www.mext.go.jp/a_menu/shotou/new-cs/youryou/tokushi/1284536.htm

■ 実態把握の例（困り感を6区分からとらえる）

1. 健康の保持	どのような環境であれば書くことができるのか自分ではわからない
	動画視聴時間が長く就寝時間が遅くなり、睡眠リズムが乱れてしまい、授業に集中できないことがある
2. 心理的な安定	否定的な言葉で注意されると興奮してしまい、気持ちを落ち着かせるのに時間がかかってしまう
	急な予定変更があると不安な表情を見せる
	書くことへの苦手意識が強く、国語の時間には「どうせできない」など否定的な言葉を使うことが多い
3. 人間関係の形成	担任とは笑顔で会話をすることができるが、他の教師とは挨拶をしたり、目を合わせたりすることがない
	低学年と言い争いになることや、ものの取り合いでケンカになることがある

4. 環境の把握	教室や廊下などの物音に過敏に反応して、集中を持続することが難しい
	「ね」「わ」など、似た文字を間違えて書くことが多い
	授業の終了時間をたびたび気にして時計を見ることや、時刻を教師に質問することがある
	ノートのマス目のなかに文字を収めることが難しい
	鏡文字で書くことがある
5. 身体の動き	教師の見本を見てポーズをとる運動では、混乱する様子が見られる
	左手で紙を押さえて、右手（利き手）で鉛筆を操作する左右同時の動きが難しい
6. コミュニケーション	わからないときに「教えてください」と伝えることが難しい
	伝えたい気持ちが先行して、話す順序がバラバラになってしまう
	相手の話を聞くときに、下を向いてしまい、目線を合わすことが難しい

 POINT!

- 自立活動の指導を考える場合には、6区分の視点から実態を把握する

関連知識②
さまざまな支援方法の特徴

ここでは、子どもたちへのさまざまな支援方法の概略について紹介します。

言語療法

　言語療法は、発音や発声だけではなく、コミュニケーション、咀嚼、認知、感覚面などについて、子どもたちの発達段階に合わせた課題を実施し、言葉についての総合的な能力の向上を目指した基礎づくりを支援します。

作業療法

　作業療法は、子どもたちの発達課題や生活・学習の実態に応じたさまざまな作業活動（指先の運動など）を通して、将来の生活をイメージした支援を行います。また、家庭や学校、社会のなかに参加できるよう支援をします。

理学療法

　理学療法は、目標に向かって、遊びなども取り入れて楽しみながら運動発達の促進を進めます。幼児期～学童期であれば、歩行や走行の運動、ボールを使った運動などを行い、運動時における身体の不器用さを軽減するアプローチを行います。

ビジョントレーニング

　ビジョントレーニングは、眼球を動かす眼球運動や、目から入力された情報を脳で処理して理解したり、体を動かして出力する運動

機能の向上を目指します。

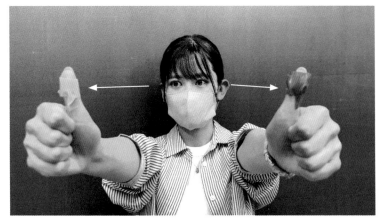

左右の親指を交互に見る眼球運動

💡 感覚統合

　道具を使った遊び、鉛筆やボールの操作、人とのコミュニケーションの際にも、私たちは無意識のうちに環境と関わっています。環境を通して脳に入ってくるさまざまな感覚を調整し、スムーズに整理してまとめ、学習や運動の土台となる力の獲得を目指します。

💡 ソーシャルスキルトレーニング（SST）

　ソーシャルスキルトレーニング（SST）は「生活技能訓練」や「社会生活技能訓練」と呼ばれ、認知行動療法に基づいたリハビリテーションの技法です。人が社会で生活するために、対人関係を良好に維持するスキルを身につけ、自己肯定感を高め、ストレスへの対処や問題解決ができるスキル、再発防止スキルの習得を目指します。

 POINT!

● 子どもの困り感にはこれらの支援方法でアプローチする

第 3 章

教師の関わりなどの 「人的環境」のコツ

この章では、人的環境の特徴をふまえたうえで、言語理解が苦手な子、大きな音が苦手な子、食べることが苦手な子など、ケース別の人的環境の調整のコツを紹介します。

3-1

人的環境の特徴とは？

人的環境は子どもたちの成長にとって欠かすことができず、教師などには自分をアップデートできる資質が必要になります。

💡 子どもたちの教育的ニーズに応える

　教師の関わりなどの「人的環境」の調整が必要とされる背景には、子どもたちの教育的ニーズの広がりと急激な社会情勢の変化があります。教師個人の「これまでのやり方」や「1つの視点からのアプローチ」では、子どもたちの教育的ニーズに応えることが難しくなっています。

　日々、成長する子どもたちのニーズに応えるためには、**迅速で即効性のある人的環境の調整が大切**です。すべての大人が子どもたちにとっての人的環境の一部であることを認識し、子どもたちに望まれる環境の1つになることが重要です。

💡 子どもと一緒に遊ぶ・学ぶ・体験することの大切さ

❶ 人的環境の核は共感

　人的環境の核となるのが**共感**です。子どもたちの「気持ち」と「行動」に寄り添いながら、共に過ごしていくことが大切です。

　子どもたちは、家庭や学校などのさまざまな環境に適応するための行動をとります。子どもたちにとって問題解決の手段である行動（環境に適応するための行動）は、もしかすると教師にとっては注意の対象となるかもしれません。

　しかし、子どもたちの気持ちや行動を丁寧に観察することで、見えてくる姿があります。まずは**共感することを第一に、子どもたち**

と関わっていくことが**大切**です。

❷ 丁寧な「洞察」は、子どもとの体験から得られる

　子どもたちと同じ体験をし、彼らが見ている世界（学校生活や学習場面など）にある、言葉にできないストレスや感情、認知や価値・意味を感情的に理解・把握し、人的環境の調整ための洞察（インサイト）を得ることが大切です。

　子どもたちの行動の機能的な面だけを見るのではなく、内部にある「**価値・意味**」まで見ることで、潜在的な教育的ニーズの洞察を得ることができます。

　この徹底した「**子ども視点**」の発見や気づきが、**子どもたちにある潜在的な教育的ニーズをつかむことにつながります**。子どもとの関係のなかで生まれた洞察は、人的・物的・空間的環境調整のアイデアを創出するうえで、方向性を決める重要な柱となります。

▨ 例：学校から家に帰る

【機能的な面】
- まっすぐ帰宅したら早い
- 寄り道はしないで帰ることが約束だとわかっている

【価値・意味】
- 昨日公園で見つけた花を見ることができる
- チューリップを見るとリラックスする

花を見られるという価値

❸ 子どもたちの視点を重視する

　「子どもたちが本当に喜ぶもの」と「子どもが喜ぶだろうと教師

が想像するもの」は違うことに気づくことが大切です。

　たとえば、学校の学力向上研修で行われる事前調査等のアンケートでは、子どものなかである程度意識化された情報を客観的に分析するため、予測できる事実の再確認となることが現状です。

　そのため、子どもたちの学力を向上させたいのであれば、**子どもの潜在的な教育的ニーズ（例：どこがわからないのかわからない）に気づくことこそが重要**になります。

💡 子どもが活かせる強みを引き出すという意識が重要

　教育や保育、療育に携わる仕事は、子どもたちの将来の自立と社会参加に向けて「どんな未来であるべきなのか」を相談し、形にしていきます。

　そして、「自分でできる」を実現させるために多角的に解決方法を探り、目標を設定して環境調整をしていきますが、**環境調整はその善し悪しによって子どもたちの未来を左右してしまう、とても責任のある行動**です。

　教師や保育士にお願いすれば、すぐにでも望む支援が受けられると思われる方もいますが、教師や保育士の役目はあくまでも引き出し役であり、主役は子ども自身です。

　相談する際には子どもを中心に考え、「教師の引き出しを子どもに当てはめる」という意識ではなく、**「子どもが活かせる強みを引き出す」**という意識が大切です。主役である子ども自身が「自分のこと」だと認識し、一緒に考えていくことが重要です。

💡 知識は、子どもたちと一緒に活用する

　目の前の子どもたちが必要としているものを考えることは、書籍やSNSから得られる知識では表われにくい「未来を創造していくプロセス」です。

「SNSで見たあの支援がよかったからやってみよう」という知識を当てはめるのではなく、その知識を頭に入れながら、**子どもたちと一緒に考えて問題解決していくストーリー**こそが、一人ひとりの成功体験につなげる一番の近道なのです。

自分をアップデートできる資質が必要

　環境調整は、子どもたちの「自分でできる」を形にするものであるため、教師などは子どもたちの利益、ひいては社会全体の利益を最優先させて考える必要があります。

　子どもたちの目的達成や成功体験を一緒に喜ぶとともに、**「自分でできる」の実現に向けて努力を惜しまないこと（学び続ける人、自分をアップデートできる人）**が、子どもたちに携わる人に必要な資質であるように感じます。すべては子どもたちのために、私たちは常に献身的に考える人でなければなりません。

人的環境は、あなたの笑顔から始まる

　子どもたちにとって、あなた自身が最大の人的環境であることは間違いありません。あなたが不安でいると子どもたちも不安になり、あなたが笑顔でいると子どもたちも笑顔になります。

　あなたという人的環境は、子どもたちの成長にとって欠かすことができません。「私じゃなきゃダメ」という依存した意識ではなく、「私がいなくても自立できる人に成長してほしい」という意識で、子どもたちを愛していきましょう。

 POINT!

● 自分の知識を当てはめるのではなく、主役である子どもと一緒に考えていくことが大切

言語理解が苦手な
Aさんのケース

ここでは、言語理解が苦手な子への環境調整のポイントと語彙力の向上と改善を目指す学習の例を紹介します。

Aさんの事例

　Aさんは小学2年生です。おだやかな性格でクラスの人間関係も良好です。休み時間は下学年の友達と遊ぶことが多く、毎日楽しそうに過ごしています。漢字の暗記や計算が得意ですが、読解問題や言語指示を聞いて行動することに苦手意識があります。

　Aさんが一番困り感を感じるのは、「教師とAさんのコミュニケーション」の場面です。

　教師の声かけはいつもおだやかで、「Aさん、問題をちゃんと読んでね」「ちゃんと座ってください」「鉛筆はしっかり持ってください」「だいたいでいいよ」「あっちに運んでね」とやさしい口調で伝えます。しかし、Aさんは指示があるたびに固まってしまうのです。

抽象的な表現と具体的な表現

　今回の事例は「**言語指示の具体化**」についてです。

　教師が何気なく発している言語指示が「抽象的」であったために、「教師の意図を読み解くことが難しかった」ことが理由の1つとして考えられます。言葉の理解が難しいのは、下記の複数の背景要因が考えられます。

- 語彙は知っているけど、意図の理解が難しい（想像力）
- わからないことを言葉で伝えることが難しい（コミュニケーション力）
- 指示されている内容を誤って解釈してしまう（読解力）
- 記憶している語彙や理解している語彙が少ない（語彙力）

　人的環境を調整する際のポイントは、「**Aさんが理解できる言葉、伝わる言葉で声かけをすること**」です。また、教師が手を添えながら伝えることやイラストを一緒に掲示しながら指示を出すと効果的です。

困り感の背景

　Aさんの困り感の背景要因が「**語彙力**」であると想像できることから、**語彙の発達についてアセスメント**をします。その結果、**語彙量の増加と理解**を目標にしながら、環境調整を進めます。発達年齢に合わせた環境調整と生活年齢に合わせた関わりが大切です。

アセスメントツールの紹介

《PVT-R 絵画語い発達検査》

引用：https://www.nichibun.co.jp/seek/kensa/pvt_r.html

【著者】上野一彦、名越斉子、小貫悟

【適用範囲】3歳0か月〜12歳3か月

【所要時間】個別実施のみ（15分程度）

【特徴】

　言語を理解する力を4枚の絵画のなかから選択します。検査者は言語で、子どもは指差しで答えることができるため、子どもが書字を習得していなくても検査が可能です。語彙の発達度を短い時間でアセスメントすることが可能です。

💡 即効性のある環境調整の例

　言語理解が苦手なＡさんのような子どもの場合、下記のような環境調整の方法が有効です。

◉ 言語を「見える化」（可視化）する

　聴覚的なアプローチに困り感が予測される場合は、伝えたいことを目で見えるようにします。「黒板に文字を書く」「イラストを掲示する」「実物を手に取って見せる」など、**必要な情報を必要なときに理解できる内容で「見える化」する**ことが効果的です。

◉ 感覚にアプローチする

　子どもが行動をするときに、やり方がわからない場合や不安で行動することができずにいる場合などは、**感覚にアプローチすることが効果的**です。「ちゃんと座ってください」であれば、

- 触覚：背中をぽんぽんとやさしく触れながら「背中をピン」と伝える
- 視覚＋触覚：教師が手をグーにして見本を示しながら、実際に手を添えて「背中とお腹にグー１つ」と伝える

◉ シングルタスクにする

　「トイレに行って手を洗って消毒をしたら、給食セットを持ってランチルームに来てください」のように複数の指示が一度の声かけに入っていると、「何を聞かれているのか」がわからなくなるため、伝えることは１つ（シングルタスク）にします。

💡【実践編】板書の工夫方法

　環境調整のポイントとして「言語の見える化」（可視化）を挙げま

したが、ここでは板書の工夫のしかたを紹介します。

❶ やること

「いまやるべき行動は何か？」を明確にするために、黒板に「やること」を書きます。授業では、「課題」「めあて」「ふりかえり」「まとめ」などいまやるべき学習を明確にしている方が多いでしょう。その当然のように行っている工夫を生活にも取り入れます。

❷ イラストと全体指示

「バックに入れます」など、全体に出した指示を思い出すことができるように、文字やイラストを黒板に書いて残しておきます。これにより記憶の定着を支援できます。

❸ チェックリスト

複数の準備をする必要がある場合、子どもたちが自分で黒板を見て確認できるようにすることで、忘れ物を予防します。支援を追加する場合は、最後に教師が1つずつ再確認すると効果的です。

💡 語彙力の向上と改善を目指す学習

Aさんのように言語理解が苦手な子どもの場合、下記のような学習が効果的です。

◉ 語彙の仲間分け

手のひらサイズのカードに文字やイラストを描き、複数枚をランダムに配置します。「食べもの」と「乗りもの」に分けるなどテーマを決めて2種類の仲間分けをします。

子どもが知っている言葉や意味をテーマにすることが大切です。漢字やローマ字など、子どもたちの興味・関心に合わせてカードを

作成すると意欲が向上します。はじめて行うときには、「黒」と「白」に分けるなど、はっきりとわかりやすいテーマでルールが理解できるように配慮します。

２つの言葉を分けながら楽しむ神経衰弱 (左：悲しい、右：嬉しい)

◉ ステップアップヒントクイズ

たとえば、「りんご」という果物について問題を出します。

【ヒント1】赤いです
⇒この時点では、たくさんの語彙のなかから答えを絞ることは難しいです。
【ヒント2】食べ物です
⇒赤い食べ物と関連づけることで、答えを予想していきます。
【ヒント3】甘いです
⇒回答者は「果物かな？」と想像力を働かせます。

頭のなかで想像して答える　　　抽象的な言葉から伝える

　このように、ヒントを増やしていき、1つの言葉を考えることで、複数の語彙を関連づける力を育てます。

 おうちで Try!

「何度言っても伝わらない！」
そんなときには、ホワイトボードを活用します。やることリスト（一度の情報は1〜3個程度）を書いて伝えます。はじめのうちは大人も一緒に行動して見本を示しつつ、「自分でできた経験」を積み重ねることができるようにします。

POINT!

● 言語理解が苦手な子の場合、言語の「見える化」や感覚へのアプローチ、シングルタスクの伝達などが有効

3-3 大きな音が苦手な Bさんのケース

ここでは、大きな音が苦手な子への環境調整のポイントと教室を飛び出してしまう行動の改善を目指す学習の例を紹介します。

Bさんの事例

　Bさんは小学1年生です。活発な性格で外遊びが好きで、休み時間には教師と追いかけっこをしたり、虫を探して楽しんでいます。

　学習の様子では、授業が始まると耳をふさいで教室を飛び出してしまうことが多々あります。教師が追いかけますが、教室に戻ってくるまでには時間がかかります。

　Bさんが一番困り感を感じているのは、「授業中の教師の声量の大きさ」についてです。

　教師は熱心に指導をしていますが、教室全体に声を届かせたいという思いからポータブル拡声器を使用していました。授業内容はきめ細やかで、一人ひとりへの声かけの回数も多くありました。

　Bさんが教室を飛び出すタイミングを観察すると、教師が話し始めるタイミングだということがわかりました。

💡 声のトーンと声量の調整

　今回の事例は、全体指示や声かけの際の「**声のトーンと声量の調整**」についてです。

　教師がポータブル拡声器を使用したのは、感染症対策のためマス

クをしていても全体に声が届くようにという子どもたちを想っての行動でした。しかしその声量が大きく、「聴覚刺激が大きくなってしまった」ことが、Bさんの行動の理由の1つに考えられます。

　人的環境を調整する際のポイントは、「**Bさんが聞くことができる声のトーンと大きさにすること**」です。

　たとえば、子どもたちが大きな声を出しているときに教師がさらに大きな声を出してしまうと、その場にいる人たちの声量はどんどん大きくなります。声のトーンと大きさを調整しながら、ジェスチャーを活用するなど、視覚的な工夫があると効果的です。

困り感の背景

　Bさんの困り感の背景要因は、教師が話し始めるタイミングで教室を飛び出していたことから、「**教師の声＝聴覚刺激**」であると想像できます。**子どもの行動の特徴を丁寧にアセスメント**（いつ、どこで、誰と、どんなもので、どんな活動で）することが環境調整を進めるうえで大切です。

アセスメントツールの紹介

《機能的アセスメント　ワークシート３：（行動問題の特徴）》
引用：http://www.kei-ogasawara.com/support/assessment/
【適用範囲】小学1年生〜6年生
【所要時間】観察者がワークシートに回答する（15分程度）
【特徴】
　行動問題への支援を行うとき、まず「なぜその行動が起こっているのか」、その理由を探ることが必要となります。ワークシート３では、行動問題の特徴に関する情報を集めるために子どもに関わる観察者（教師や保護者）が回答します。

💡 即効性のある環境調整の例

　大きな音が苦手なBさんのような子どもの場合、下記のような環境調整の方法が有効です。

◉ Calm：おだやかな声のトーン

　声のトーンを張り上げてしまうと、子どもたちは驚いたり、緊張してしまいます。子どもたちが聞き取りやすい声を意識して声かけをするようにします。

◉ Close：安心して聞くことができる空間

　話を聞くことができる空間をつくります。

　相手の目の前に立ち、子どもの目線に合わせて話をします。視覚的な刺激を軽減するためには、パーテーションを利用して、個別の空間ができるようにすることも効果的です。

　Bさんには、大きな音がすると「教室から飛び出してしまう」という行動（表現の形）が見られます。気持ちが落ち着くまで、安心できる居場所を決めることも効果的です。

◉ Quiet：小さな声量

　子どもたちの感覚器官は繊細です。怒鳴った声かけや張り上げた声ではなく、小さな声量を意識します。

　指示と指示の間を大切にすることで、注目を集めやすくすることができます。

💡 【実践編】ジェスチャーと視覚上の工夫方法

　環境調整のポイントとして「声かけの工夫」（聴覚刺激の軽減）を挙げましたが、ここでは声かけに合わせた視覚上の工夫について紹

介します。

❶ 表情を使い分ける

　日頃からニコニコとほほえんだ表情を意識します。ほめるときには、多少オーバーでも子どもたちに伝わるような笑顔を意識します。叱る必要のある場面では、怒った顔ではなく、真剣な表情を意識します。話す内容によって、表情を使い分けることが大切です。

❷ 全体で共通理解された指示

　「いいね！」のときは親指と人差し指で丸をつくる、「やめます！」のときには胸の前で手のひらを見せるなど、共に過ごす人たちのなかでジェスチャーの意味を共通理解し、声かけと併せて活用していきます。

笑顔＋サイン　　　真顔＋サイン

❸ 声の音量メーターを活用

　教師自身が声量を意識できるように、スマートフォンのアプリ等を活用して声量を視覚化します。「子どもたちにとって、どのくらい

の声の大きさであれば、聞きやすいのか？」を視覚的に理解する際に効果的です。

💡 教室を飛び出してしまう行動の改善を目指す学習

Bさんのように大きな音が理由で教室を飛び出してしまう子どもの場合、下記のような学習が効果的です。

◉ イヤーマフの使用

聴覚刺激を軽減することで教室にいられるのであれば、イヤーマフを活用すると効果的です。必要なときに、必要なタイミングで使用できるように机の横などに設置しておきます。

◉ 声の大きさを伝える

「この声は聞こえますか？」⇨「はい。聞こえます！」

教師と子どもたちのなかで、声量（音量）を確認するタイミングを設定することも大切です。音量の調整は、テレビや校内放送、スピーカーなどを使用する際にも有効です。

また、個別への環境調整としては、イラストを描いたカードを用意し、自分のタイミングで教師に伝えることができるようにします。援助要求スキル（助けてほしいときに、自分から相手に伝えるスキル）の獲得を目指すことで、日常生活のなかで話す相手が変わっても活動に参加するための大切な力となります。

【作り方】声の大きさカード

「声が大きいです。下げてください」などの言葉とイラストを描き、厚紙に印刷する（ラミネートすると長期間使用できます）。

声の大きさカード

挙手をするようにカードを見せる

声が大まいです 下げてください

カードは机上に
置いておく

 おうちでTry!

「イヤーマフ」の活用

聴覚刺激を軽減するためにイヤーマフを活用する際には「約束」を
決めます。使うタイミングや使用方法、使う際には教師に伝える(言
葉やジェスチャーなど)方法を家族や学校、関係機関で共通理解を
すると、子どもたちは安心して使用できます。

POINT!

● 大きな音が苦手な子の場合、おだやかな声のトーンで話し
たり、安心して聞くことができる空間を用意することなど
が有効

3-4 食べることが苦手な Cさんのケース

ここでは、食べることが苦手な子への環境調整のポイントと自分の
ペースで食べられることを目指す学習の例を紹介します。

Cさんの事例

　Cさんは小学3年生です。まじめで何事にも一生懸命に最後
まで取り組む姿が見られます。ある日、「学校は好きだけど、給
食が嫌いだから学校に行きたくない」と保護者に訴えました。

　教師は、「全員同じ量を残さず食べましょう」「残菜ゼロを目
指しましょう」と学級全体で取り組んでいました。Cさんの生
活の様子から「やればできる」と完食指導を進めており、給食
の時間内に食べ終えることができない子がいると、その後の休
み時間に延長して完食するまで個別指導をしていました。

　Cさんは好き嫌いなく食べる子でしたが、毎日完食すること
ができないことに、困り感を感じていました。

🔍 食事の量の調整

　今回の事例は「**食事の量**」についてです。

　「食品ロスをなくす」「食事のマナーを守る」ことはもちろん大切
です。しかし私たち大人もふくめ、子どもたちの消化器官などの体
のつくりは人それぞれ違うのです。

　保護者に家庭や幼少期の食事の様子の聞き取りをすると、Cさん
の食事は平均よりも少量であることがわかりました。それでも十分
に生活・学習できていることがわかり、給食の量を調整することと

なりました。

　人的環境を調整する際のポイントは、「**自分で食事の量を調整で
きる機会を設定すること**」です。食事を配膳する際に、「このくらい
でいいですか？」と聞くことや、均等に配膳したあとに「減らす人
はいますか？」と聞く場面をつくると効果的です。

　また、食べ終わっていない背景要因を観察することが大切です。
「一度に飲み込める量が少ないため時間がかかる？」「平均的な量よ
り少なくてもお腹いっぱいになる？」「私語や立ち歩く時間が多く
あり、落ち着いて食べることが難しい？」など、子どもの姿によっ
て環境調整を考えていきます。

💡 困り感の背景

　Cさんの困り感の背景要因には、**一度に食べられる量が少ない**と
いう点があると想像できます。まじめに最後まで取り組みたいとい
う性格から、無理をして食べていたことも聞き取りからわかりまし
た。

🔲 インフォーマルアセスメントの紹介

《家庭・学校の食事の様子チェックリスト》

①好きな食べ物

②嫌いな食べ物

③1日の食事回数と量

④おやつなどの間食の回数

⑤幼少期などの食事の様子

⑥「お腹が空いた」と訴えてくる回数

⑦かむ力

⑧飲み込む力

⑨食事の様子（話をしている時間、立ち歩きなど）

🔎 即効性のある環境調整の例

　食べることが苦手なCさんのような子どもの場合、下記のような環境調整の方法が有効です。

◉ 食べる量を自分で決める場面を設定する

　家庭では、自分で配膳する機会を設定することが大切です。平日の夕食や休日の食事の時間など、ゆとりが生まれやすい時間に「お手伝い」として設定することもよいと思います。

　学校や施設では、食べ始める前のタイミングで、「この量でいいですか?」「少し減らしてください」など、考える時間や伝える時間を設定するようにします。

　どの場所であっても、「すごい!　もりもり食べるね!」「自分でできて素敵だね」など、肯定的な声かけで子どもの行動を認めてあげることが大切です。

◉ 自分で決めた量を完食できたことをほめる雰囲気をつくる

　完食できたときのほめる声かけを大切にします。「あの子は3回もおかわりできてすごい」「たくさん食べる子がすごいぞ」など、誰かと比べることがないように、その子の成長をほめることができる声かけにします。

◉ 家庭と学校が食事量について共通理解をする

　食事の量やこれまでの指導の目標と計画などを、共通理解することが大切です。教師や保護者の願いを強要するのでなく、本人の願いと成功体験を大切にできるように、指導の目標と計画を一緒に考えていきます。

💡【実践編】さまざまな背景要因へのアプローチ

環境調整のポイントとして「自分で考える場面の設定」（自己決定と成功体験）を挙げましたが、ここでは具体的に2つの子どものタイプへの工夫のしかたを紹介します。

❶ 食べ終わったあとの時間を明確にする

「立ち歩き」「遊び食べ」が見られる子には、食べ終わったあとに読書やぬり絵など、楽しい時間が待っていることを伝えます。時計を見える位置に設置し、文字やイラストで指示を残しておくと効果的です。同時に、パーテーションを設置するなど、視覚刺激を軽減できるように環境調整することも効果的です。

❷ あごの下をやさしく支えるなど、動かす部位を伝える

食事中、ボーっとしてしまう様子が見られる子には、「いま、何をする時間なのか」を明確にします。かむことや飲み込むことを意識できるように、やさしくなでるなど触覚で伝えると効果的です。

また、時間制限がストレスにならない子であれば、タイムタイマーを使用することもおすすめです。

💡 自分のペースで食べられることを目指す学習

Cさんのように食べることが苦手な子どもの場合、下記のような学習が効果的です。

◉ 自分の食べられる量を知る

「自分が食べたい量と食べられる量を知る」「家庭の食べる時間と学校の食べる時間を知る」「設定した時間のなかで完食できる量を知る」などができるように、実物の料理を見ながら学習をしたり、

もぐもぐタイム

もぐもぐタイムの時間を決めて、その時間だけ掲示する

会話をせずに食事をします。よくかむことや
食べることに集中できる効果があります

絵を描いてみたりすることで理解を深めていきます。

　また、これまでの場面をクローズアップして、その日の自分の気
持ちや設定された時間、食べられた量、教師に伝えた言葉などを客
観視できるような学習も効果的です。

◉ 自分で献立をつくってみる

　「食べられる量が少ないから、好きなものだけ食べる」「食べなく
てもいいんだ」という思考にならないように、食べ物について考え
る機会を計画（栄養、量、配置、彩りなど）します。

【作り方】
①普段使用しているお皿の写真を撮って印刷する
②食べ物の写真を撮って印刷する
③ハサミで切りながら食べ物の写真をお皿の写真の上に並べる

■ 例：食べられる量を考えよう

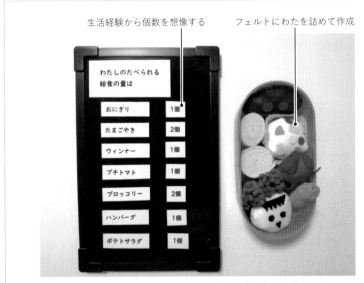

生活経験から個数を想像する

フェルトにわたを詰めて作成

わたしのたべられる
給食の量は

おにぎり	1個
たまごやき	2個
ウィンナー	1個
プチトマト	1個
ブロッコリー	2個
ハンバーグ	1個
ポテトサラダ	1個

フェルトの教材を活用して、お弁当に自分の食べられる量を入れて
いきます。量を文字や数字で言語化するとわかりやすくなります

おうちで Try！

「少ない量でおかわりをしよう」
食事の満足感を感じることができる機会を積み重ねられるように、
食事の量を調整します。食事量が少ない場合には、大きなホットケ
ーキ1枚よりも小さなホットケーキ3枚食べるほうが満足感を感じ
ることができ、効果的です。

POINT！

●食べることが苦手な子の場合、食べる量を自分で決める場
　面を設定したり、自分で決めた量を完食できたことをほめ
　る雰囲気をつくることなどが有効

感情のコントロールが苦手なDさんのケース

ここでは、感情のコントロールが苦手な子への環境調整のポイントと感情コントロールの改善の学習の例を紹介します。

Dさんの事例

　Dさんは小学1年生です。元気いっぱいな性格ですが、恥ずかしがり屋です。教師や友達と関わることが好きで、自分からコミュニケーションを取る姿が多く見られるものの、毎日のように友達とケンカをして過ごしています。

　周りの友達に状況を確認すると、「順番で並んでいたら、うしろから叩かれた。楽しく遊んでいたのに暴れてきた」と言い、Dさんに状況を確認すると、「わからない。ごめんなさい」とDさんが友達に謝ってトラブルは解決となります。

　Dさんが一番困り感を感じるのは、友達を叩いたり、蹴ってしまったりしてしまう場面です。

　Dさんは順番を守ることはできるし、叩いたら痛いということも理解しています。しかし、楽しくて気持ちが高まったり、くやしくてイライラしたりしたときに、言葉よりも先に手や足が動いてしまう様子が見られます。

💡 適切な言葉を引き出す

　今回の事例は「**感情のコントロール**」と「**適切な言葉を引き出す**」ことについてです。

　Dさんの友達を叩くなどの行動は表現の形であり、手を出す子ど

も自身も困っている場合がほとんどです。

「どうやって言葉で伝えたらいいのかわからない」から余計にイライラしてしまい、叩いてしまう。叩いてしまう理由には、「順番を抜かされた」「足を踏まれた」「ゲームに負けた」などがあると想像できます。

人的環境を調整する際のポイントは、「**予防と仲介**」です。トラブルの発生を未然に防ぐことで成功体験につなげる環境調整と、トラブルが発生したときには、教師が見本を示したり、伝え方を教えたりする環境調整が大切になります。

💡 困り感の背景

Dさんの困り感の背景要因には、「**言葉で伝えることが難しい**」「**コミュニケーションのしかたがわからない**」「**衝動を抑えることが難しい**」などがあるのが想像できます。そのため、多面的な調整が必要になります。

▦ アセスメントツールの紹介

《S-M社会生活能力検査 第3版》
引用：https://www.nichibun.co.jp/seek/kensa/sm3.html
【著者】上野一彦、名越斉子、旭出学園教育研究所
【適用範囲】乳幼児～中学生
【所要時間】15 ～ 20分
【特徴】
　乳幼児～中学生の子どもの普段通りの社会生活能力（自立と社会参加に必要な生活への適応能力）を測定する検査です。子どもの日常生活をよく知っている大人（保護者や担任教師など）が回答します。

💡 即効性のある環境調整の例

感情のコントロールが苦手なDさんのような子どもの場合、下記のような環境調整の方法が有効です。

◉ 事前に伝え方を知らせ、一緒に練習する

この方法は、成功体験を経験するための予防的なアプローチとなります。

「鬼ごっこをする」「遊具で遊ぶために並ぶ」などの実際の場面に教師が一緒に参加し、「一緒に遊ぼう」「順番に並んでね」などの好ましい伝え方を事前にその子に伝え、その子から友達へと伝える機会をつくります。その後、伝えることができたことをほめて、成功体験にします。

◉ 適切な言葉やコミュニケーションを選択する

「一緒に遊びたいけど…、どうやって声をかけたらいいのかわからずに泣き出しそう」など、感情のコントロールが難しい場面に遭遇したときには、「深呼吸をする」「教師の目を見つめる」など、落ち着くための時間をとります。

その後、「叩いて呼ぶ or 一緒に遊ぼう、どっちがいいかな？」と子どもに選択をさせ、その行動ができるように場を設定し、行動を促します。

◉ 教師が仲介となり、具体的な関わり方を伝える

実際に、叩く・蹴るなどのケンカになってしまった場面に遭遇した際には、教師が一緒に考えて具体的な関わり方を伝える機会を設定します。

子ども同士だけでは、解決が難しい場面も多々あります。友達の

存在を否定することがないように、具体的に「○○さんと遊びたかったけど△△が嫌だったんだね」と仲介に入ります。その後、関わった子どもたちと一緒に望ましい関わり方について見本を示しながら伝えていきます。

【実践編】感情コントロールの学習方法

環境調整のポイントとして「予防」と「仲介」を挙げましたが、ここでは具体的に感情のコントロールの学習方法のしかたについて紹介します。

❶ トラブルが起きる環境要因を予測する

トラブルが起きている環境を観察していきます。

- 人：同じクラスのZさんといるとき
- もの：ボールで遊んでいるとき
- 空間：休み時間に校庭の遊具で遊んでいるとき

1週間程度観察を続けていくと、トラブルが起きるきっかけや時間などの記録が残ります。この記録から、トラブルの発生を事前に予測していきます。

❷ ごほうびシール帳

おだやかに過ごした日にはノートにシールを貼るなどすると、子ども自身が目で見ておだやかに生活できていることを実感できます。

人的環境としては、ごほうびシール帳のシステムを導入することや、シールをもらえる時間を調整（1時間ごと、2時間ごと、午前・午後、1日など）することが大切です。

❸ 落ち着きスペース

　落ち着きスペースの設置は、空間的環境の視点です。活用する際の声かけが重要となります。

　「活用するのは悪いことではない、恥ずかしいことではない、誰もが活用することができる」という雰囲気づくりを進めていきます。活用の際の約束なども一緒に設置すると効果的です。

💡 感情コントロールの改善を目指す学習

　Dさんのように感情コントロールが苦手な子どもの場合、下記のような学習が効果的です。

◉ 我慢の深呼吸や我慢のポーズ

　トラブルの場面を想像して、感情をコントロールし、衝動性を抑える学習をします。「一緒に3秒数えよう。1・2・3、ゆっくり息をするよ。大丈夫、落ち着いてきた」など、前向きな言葉をかけながら深呼吸の学習をします。

　同時に、まずはグッと我慢する力を獲得するために、「両手は胸の前でギュって握る」など、体も一緒に動かしながら我慢のポーズを学習します。

◉ 鏡の前で、自分の表情を確認する

　怒ったときに「自分がどんな表情をしているのか」を、鏡を使って学習するようにします。そして、その状況を客観的に見ることができるように促します。同時に、落ち着いているときの表情なども確認するとよいでしょう。

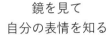

感情コントロール改善の学習

鏡を見て
自分の表情を知る

胸の前に当てる
我慢のポーズ

 おうちで Try!

「深呼吸をしてみよう！」
感情を出さないことを目的とするのは健全ではありません。不安な
ときや怒ったときなどに、自分の気持ちに気づいて整理することが
できるように、3秒から10秒、一緒に数を数えながらゆっくりと
深呼吸をしてみましょう。

POINT!

- 感情のコントロールが苦手な子の場合、事前に伝え方を知ら
  せて一緒に練習する、適切な言葉やコミュニケーション
  を選択するなどが有効

3-6 「教えてください」と言うのが 苦手なEさんのケース

ここでは、「教えてください」と伝えることが苦手な子への環境調整のポイントと自己肯定感の向上を目指す学習の例を紹介します。

Eさんの事例

　Eさんは小学4年生です。人見知りですが、慣れると明るく活発な子です。自由時間には同級生の友達を自分から誘って遊びに行くことが多く、毎日元気に過ごしています。漢字を書くことや計算の学習場面では黙り込んでしまうことが多く、国語や算数に苦手意識があります。

　Eさんが一番困り感を感じるのは、授業中に教師へ「教えてください」と伝えることです。

　教師の声かけは明るくハキハキとしています。「わからないなら聞いてね！」「なんで聞きにこなかったの⁉」「わからなかったらすぐに言う！」「こっちへ来なさい！」とはっきりとした口調で伝えます。しかしEさんは、声をかけられるたびにうつむいて涙を流しています。

🔍 学習に対する自己肯定感と安心できる人的環境

　今回の事例は「**学習に対する自己肯定感**」についてです。

　教師は自由時間などにEさんの活発な様子を見て、「どうして黙るんだろう？」と疑問に思い、聞くことが難しい場面に対しては、「やる気がないのかな？」と感じていました。

　授業中に泣いてしまう場面と自由時間に活発に活動する場面が繰

98

り返されるたびに、「どうして、授業中だけしゃべらないの!?　Eさんならできるだろう」という思いが強くなり、言動に表われるようになります。すると、Eさんにとっては安心できない環境になってしまいます。

　人的環境を調整する際のポイントは、「**子どもが安心して伝えることができること**」です。子どもの全体像だけを見て判断をするのではなく、「その瞬間、その活動」を観察することを大切にする必要があります。

💡 困り感の背景

　Eさんの困り感の背景要因には「**学習に対する自己肯定感の低さ**」があると想像できることから、学校生活の場面ごとに観察する必要があります。同時に、恥ずかしいときには、声以外の方法でも「教えてください」を伝えられる環境調整が必要です。

■ アセスメントツールの紹介

《子どもの健康度調査　QTA30》

引用：http://www.taken.co.jp/qta.html

【著者】田中英高、永光信一郎

【後援】日本小児心身医学会

【適用範囲】小学4年生～高校1年生

【所要時間】15 ～ 30分

【特徴】

　学校現場において心身の問題をもつ子どもを早期に発見し、早期に必要な支援を行うことを目的に、心身のトリアージ（支援の優先度）ツールとして開発されました。質問数は30問（別に採点除外の質問が11問）となっており、無理なく取り組むことができます。

💡 即効性のある環境調整の例

「教えてください」など、伝えることが苦手なEさんのような子どもの場合、自己肯定感の向上を目指すために、下記のような環境調整の方法が有効です。

◉ できた経験を積み重ねる

自分で「できた」経験を積み重ねることができるように、目標設定や声かけを調整します。

スモールステップで目標を設定し、成功体験を積み重ねていくことが、自分で「できる」という成長と自信につながっていきます。

◉ その子のペースでできるのを待つ

日常生活（特に集団生活）のなかでは、待つことは時にとても難しい場合があります。

集団のペースと個人のペースのギャップに戸惑ってしまわないように、子どもに関わる人たちが柔軟に対応します。「自分でできる見込みがあるから待つ」ことが大切です。

◉ 全体のなかでの個別指導

自己肯定感の低い子どもたちは、全体の前に出て指導を受けることがこわくなっていることが想像できます。

その子の座席で、おだやかに、目線の高さに近づいて、静かに声かけをすることが大切です。

💡 【実践編】関わり方の工夫方法

環境調整のポイントとして「自己肯定感の向上」を挙げましたが、ここでは具体的に関わり方の工夫のしかたを紹介します。

❶ 机を「トントン」して表情を確認する

　わからないことや不安なことがあったときにうつむいてしまう姿を注意すると、「また私だけ怒られている、みんなに見られている」と感じ、本人が苦しくなります。

　そのような場合、教師がそばに行き、その子の机をトントンと鳴らします。「本人と教師だけの約束だよ。トントンしたら顔を見せてね」と約束しておくことで、子どもは安心して教師に顔を見せることができます。

声かけはせず、静かに机をタッチ

タッチ＝応援しているよ！ であることを共通理解しておく

❷ 言葉以外の方法で伝える

　表には「ニコニコマーク」、裏には「教えてください」などを書いたカードを机上に置いておきます。カードそのものは物的環境の調整ですが、カードを使用して伝えることを許可する雰囲気が人的環境の要素として重要となります。

❸ 子どもと２人で話せるタイミングで気持ちを聞く

　忙しい日々のなかでは、なかなか個別に話を聞くことは難しいと

思います。しかし、1日5分や1分でもいいので、2人でお話をする機会を増やせるようにすると、子どもたちは「話を聞いてもらえた」「気持ちを受け止めてもらえた」と安心します。

💡 自己肯定感の向上を目指す学習

　Eさんのように自己肯定感が低下している子どもの場合、下記のような学習が効果的です。

◉ プロフィールカードをつくる

　自分のできることや知っていること、好きなことなど、自分の「強み」に関するプロフィールカードを作成します。

　自己肯定感が下がると、どうしても「できない自分」に注目してしまいます。自分の強みを十分に発揮できるようにするためには、まず自分自身について知ることが大切です。

◉ 援助要求スキルトレーニング

　援助要求スキル（自分では難しい・できないという状況を理解し、他者に言葉などを使って助けを求める力）を獲得するためには、「他者に相談しよう」という気持ちを育むことが大切です。そのためには下記の流れが必要です。

・自分の感情を整理できる（いったん、落ち着こう）
・自分の感情を認識できる（いま、私は悲しいんだ）
★環境調整：気持ちを代弁する（難しかったね、一緒にやろう）
・他者に言えたという成功体験を積み重ねる（言えた、できた）
・他者に相談したいという気持ちが芽生える（自分で言える）

　知識を教えるだけではなく、実生活の場面で自分で伝えることが

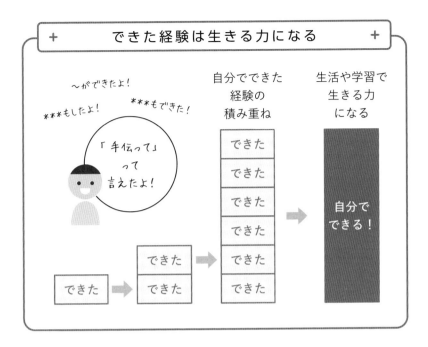

できた経験を積み重ねることによって、力を般化（学習して習得したことが自分の力として定着する）していくことが大切です。

 おうちでTry!

家庭と学校と関係機関で連携し、声かけの言葉やタイミングを共通理解します。「家庭ではやってもらえるけど、学校ではやってもらえない」という状況になると子どもたちは混乱します。まずは、子どもの気持ちを代弁するところから進めるのがおすすめです。

POINT!

● 「教えてください」などを伝えるのが苦手な子の場合、できた経験を積み重ねる、その子のペースでできるのを待つなどが有効

初対面の人が苦手な
Fさんのケース

ここでは、初対面の人が苦手な子への環境調整のポイントと安全な
居場所を目指す学習の例を紹介します。

Fさんの事例

　Fさんは小学4年生です。おだやかな性格で読書やタブレットで楽しむ様子が多く見られます。毎日楽しそうに過ごしていますが、担任教師が長期間お休みすることになり、表情が暗くなりました。その後、新しい担任教師が入りましたが、表情は明るくなりません。

　3か月後、新しい担任教師も長期間のお休みを取ることになり、教頭が担任教師として学級に入ることになりました。すると、Fさんが学校に来る回数は日に日に減っていきました。

　担任教師が交代するのはしかたのないことです。どの教師も一生懸命に子どもたちと関わりますが、人見知りや場所見知りのある子どもにとっては、どうしても時間が必要です。

　Fさんは、初対面の人と会話をしようとすると緊張してスムーズに話すことが難しくなります。Fさんが一番困り感を感じるのは、新しく出会った人とのコミュニケーションです。

情報を引き継ぐ

今回の事例は「環境に慣れる」ことについてです。

人見知りや場所見知りのある子は、担任教師に慣れるまでに時間がかかります。表現の形はさまざまで、ふざけてみたり、黙ってみ

たりと、子どもたちは様子を見ています。丁寧に関わるためには、情報が大切になります。

人的環境を調整する際のポイントは、Fさんが「**自分のペースで慣れるようにすること**」です。学級の子どもたちの情報を「引き継ぐ」ことが重要になってきます。

また、「対人関係」をふくめた社会性についてアセスメントすることも大切です。Fさんは、慣れることが難しいという困り感から、結果として学校に登校することが難しくなり、不登校になってしまいました。

💡 困り感の背景

Fさんの困り感は、「**対人関係**」であると想像できます。実態把握の1つとして、社会適応スキルについてアセスメントすることも有効かもしれません。

人との関わりで生じる困り感については、一番そばにいる保護者や担任教師の関わりが重要になってきます。

📖 アセスメントツールの紹介

《ASA旭出式社会適応スキル検査》

引用：https://www.nichibun.co.jp/seek/kensa/asa.html

【監修】肥田野直

【著者】旭出学園教育研究所

【適用範囲】幼児〜高校生

【所要時間】20 〜 30分

【特徴】

　幼児〜高校生の社会適応スキル（言語、日常生活、社会生活、対人関係）を評価する検査です。子どもの日常生活をよく知っている大人（保護者や担任教師など）が回答します。

💡 即効性のある環境調整の例

初対面の人が苦手なＦさんのような子どもの場合、下記のような環境調整の方法が有効です。

◉「報告・連絡・相談・確認」の情報共有

障害の有無に関係なく、子どもたち一人ひとりについて情報共有をすることは非常に重要です。

たとえば、公立小学校の通常学級であれば、担任教師はもちろん、学年主任や管理職、必要に応じて生徒指導主任や特別支援教育コーディネーターなどと、1日5分でいいので「今日、こんなことがありました」と情報共有をする時間が大切です。

◉「記録・引き継ぎ・共通理解」の情報共有

新年度になると、ほとんどの子どもたちが新しい担任教師のもとで学ぶことになると思います。

担任教師の意識としては「この子たちは私が担任でなければダメ」ではなく、誰が担任教師になっても大丈夫なように、日々、情報を記録し、次の担任に引き継ぐことが大切です。

学年が上がるごとに、低学年の頃の情報が気薄になる傾向があるので、丁寧に引き継いでいくことをおすすめします。

◉ 安心できる環境になるように意識する

子どもたちにとって自分の在籍している学級は、第二の安全基地（心地よい安定した生活や安全が保障された居場所）です。

子どもに限らず私たち大人も、安心・安全に過ごすことができてはじめて外の世界に冒険に出ることができます。学校や学級が安心・安全な居場所になるように意識します。

【実践編】人環境調整をつなげる連携の方法

環境調整のポイントとして「情報共有」と「安心できる環境」を挙げましたが、ここでは具体的な連携の方法について紹介します。

❶ 全職員で関わり方を統一する

担任教師が交代し、子どもたちへの対応方法や手順が変わると、混乱してしまうことがあります。

そこで、たとえば専科教諭との学習の際、あらかじめ「○○さんへの声かけは、△△でお願いします」と一声かけておくだけでも、関わり方を統一することができます。

❷ 関係者を増やしてサポートの輪を広げる

学校には、相談できる関係者がいます。担任教師1人で関わるのではなく、複数の教職員とつながりをもち、サポートの輪をつくっていきます。

管理職やスクールカウンセラー、ソーシャルワーカー、特別支援教育コーディネーターなど、「話しやすい相手」を見つけておくことは、もしものときのための備えにもなります。

❸ 個別の教育支援計画で記録をつなぐ

個別の教育支援計画は、義務教育である小・中学校の在学中だけではなく、乳幼児期から高等学校卒業後までを見通した視点をもって作成されます。この計画は、保護者や教育・医療・保健・福祉などの関係機関が、連携・協力して本人を支援するためのツールです。

「○○すれば、自分で△△できる」という視点を大切に、記録をつなげていくことが大切です。

💡 安全な居場所を目指す学習

　Fさんのようにはじめての人が苦手で、不安が強い子どもの場合、下記のような学習が効果的です。

◉「○○さんと一緒なら安心できる」を可視化する

　「困ったときは、○○さんを呼ぶ」「助けてほしいときには、○○先生に相談する」など、知識としては理解していても、なかなか行動に移すことが難しい場合があります。

　小さなメモでもいいので、「紙に書いて筆箱にしまっておく」など見えるように工夫すると、不安なときにメモを見て思い出すことができます。

◉1日の始まりをルーティンにする

　不安の大きい環境では、何をしていいのかわからなくなるとさらに不安が増します。不安の増加を予防するためにも、朝の活動を明確にしていつでも確認できるようにします。パターン化された活動にすることで、子どもたちだけでも行動できるようにするのです。

　全体で共通してやることと、自分でやること（トイレに行く、お花に水をあげるなど）を明確にして、リストをつくりルーティン（日課）として行動できるようにします。

◉声を出さずにコミュニケーション

　人や場所に緊張してしまう場合、声を出さなくても意思表示や指示理解ができるようにホワイトボードを常設すると効果的です。ホワイトボードによっていつでもメモができます。

　また、全員がやるべきことについては、そのつど黒板に書き、確認できるようにします。

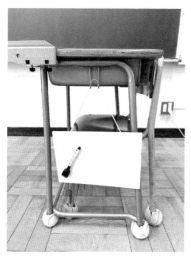

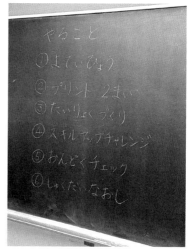

いつでもメモができるように
ホワイトボードの常設を許可

そのつど、やることを板書

 おうちで Try!

「1日の流れを一緒に確認しよう！」

持ち物や時間割、先生に伝えたいことなどを子どもと一緒に確認します。その子の性格によっては、夜に確認するとドキドキしてしまう場合もあるので、前日夜か当日朝のどちらに確認するかを相談して取り組んでみましょう。

POINT!

● 初対面の人が苦手な子の場合、「報告・連絡・相談・確認」の情報共有や、安心できる環境になるよう意識することなどが有効

通常学級にこそ、
一刻も早く環境調整の視点を！

　令和4年12月に文部科学省から報告された「通常の学級に在籍する特別な教育的支援を必要とする児童生徒に関する調査結果について」では、知的発達に遅れはないものの学習面または行動面で著しい困難を示すとされた小・中学校の児童生徒の割合の推定値（95%信頼区間）は、8.8%（8.4〜9.3%）という結果でした。

　この調査は学級担任等による回答に基づくもので、医師等の診断によるものではないですが、特別な教育的支援を必要とする児童生徒数の割合を示すものとされています。

　この結果からもわかるように、特別支援教育は、特別支援学級や特別支援学校だけで実施されるものではないということです。時代とともに生活スタイルは変化し、個別のニーズも多様化しています。

　一人ひとりに丁寧に関わるためにも、効率化を求めてきた一斉指導のスタイルから、集団というメリット（子ども同士の対話や学びの発見・共有など）を残しつつも、「個別最適化された指導スタイル」へと学校が柔軟に変化することが求められていると考えられます。

　授業中の取り組みで環境調整の視点を取り入れた例としては、「タブレットなどで過去に学んだ板書を確認できる」「算数の計算問題で取り組む量を自分で選択できる」「ふりかえりや感想をノートに書くときに絵・マーク・文章などを自分で選ぶことができる」などが挙げられます。

第 4 章

教材などの
「物的環境」のコツ

この章では、物的環境の特徴をふまえたうえで、読む
ことが苦手な子、書くことが苦手な子、計算すること
が苦手な子など、ケース別の物的環境の調整のコツに
ついて説明します。

4-1

物的環境の特徴とは？

物的環境の調整（作成や改善）は、子どもの実態を把握し、本人に参加してもらったうえで行います。

💡 いつでも子ども中心に考える

　子どもたちは、「どんな悩みを解消したいのか」「どんな困り感があるのか」「どんなものがほしいのか」を明確に表現することが困難です。したがって、漠然とした背景要因の想像から、多角的なアセスメントを通して情報を集め、実態を丁寧に把握することから始まります。物的環境のポイントは下記の通りです。

◉ 子どもが「もの」を使う理由に対しての明確な設計

　「誰がものを活用するのか？」「その人は、どんな人で、どうして活用するのか？」「どんな状況（いつ・どこ・頻度）でものを活用するのか？」。つまり、子どもたちの困り感や目的、状況に合わせて物的環境を調整する必要があります。

◉ 子どもたちと一緒に開発、本人も参加して考える

　作成するときには、子どもたちの教育的ニーズに応えたものになるよう、本人に参加してもらうことが必須です。そのたびに活用状況を評価したり、フィードバックをもらったりして、実際に使用する子どもの声を聞き、アップデートしていきましょう。

◉ 子ども中心による評価の実施と洗練

　物的環境の調整（作成や改善）は、「先生が使わせたいからつくっ

112

た」という自己満足ではなく、子どもの実態を把握し、活用しやすいデザインを想像しながら試作します。一度提供したから終了ではなく、子どもの成長や評価（使用感など）に合わせて、洗練（計画・実行・評価・改善）していくことが大切です。

◉ 教材設計・教材作成がゴールとなってはいけない

「使って楽しかった」「使いやすい」「またやりたい」と感じるような成功体験を目的とします。物的環境の調整は、子どもたちの成功体験のプロセスの一部に過ぎないからです。

◉ 専門的な知識を取り入れられるチーム力が重要

子どものことを一番理解している保護者や担任教師を中心に、作業療法士や言語聴覚士、スクールカウンセラーや管理職などの専門的な視点を取り入れられるように、子ども中心の視点で考えられるチーム力が大切です。

💡 成長へのステップとして「もの」を調整する

物的環境は、「ものを与えるだけ」ではいけません。子どもがもの（教材・教具・学習道具など）を活用するために、使い方を理解し、使うことの受容から始まります。使う意味を知り、自分で活用できるように指導します。子どもたちが、成功体験を通して心が揺さぶれるような機会を提供できたときに、はじめて環境調整の成果が生まれます。成長とともに、活用しなくても自分でできるようになった際には、次のステップへと進みましょう。

 POINT!

● 上記のポイントを意識して物的環境を調整する

4-2 読むことが苦手な Gさんのケース

ここでは、読むことが苦手な子への環境調整のポイントと読む力の改善を目指す学習の例を紹介します。

Gさんの事例

　Gさんは小学3年生で、マイペースに生活する様子が見られます。コツコツと計算をすることが好きで、新しい漢字やかけ算、九九の暗唱を一生懸命に覚えようとしています。

　しかし、国語や算数の授業で音読をする時間になると、表情が暗くなります。行を飛ばして読んでしまったり、読んでいる場所がわからなくなったりしている様子が見られます。

　Gさんは、「自分は読むことが苦手なんだ」と自覚しており、家庭では泣きながら音読の練習をしていると、保護者から相談が来ました。

💡 「読む力」の一部である「見る力」にアプローチする

　Gさんの読む力を丁寧に観察すると、

- ひらがな、カタカナ、漢字を読むことができる
- 短い文章や1行の文章、暗記した文章であればスラスラと読むことができる
- 本を読むときには、文字に目を近づけるようにして読んでいる
- 行が変わるタイミングで、止まってしまうことが多い
- 声かけをしても、読み始める場所を探すのに時間がかかってしまう

という実態を把握することができました。

　私たちが文章を読むときには、読む力の一部である**跳躍性眼球運動**（A点とB点を跳ぶように見る眼球の動き）という視機能を活用しています。この跳躍性眼球運動がスムーズに働かないと、読むことへの困り感につながることがあります。

困り感の背景

　Gさんの困り感は、「**文章を読む**」ときに見られます。この場合、**読む力のアセスメント**が大切になります。

　もちろん、「文字を見る」という視点から見る力へのアセスメントは必要ですが、読むことを分解して、「文や文章の聴覚的理解」「語彙や定型句の知識」など、読む力について細かくアセスメントをすると、丁寧な実態把握ができます。

アセスメントツールの紹介

《LCSA 学齢版　言語・コミュニケーション発達スケール》
引用：https://www.gakuensha.co.jp/book/b580871.html
【編著者】大伴潔、林安紀子、橋本創一、池田一成、菅野敦
【適用範囲】小学1年生〜4年生
【所要時間】45〜55分程度
【特徴】
　「文や文章の聴覚的理解」「語彙や定型句の知識」「発話表現」「柔軟性」「リテラシー」などの領域の課題が設けてあります。どのような側面に困り感をもっているのかを明らかにし、支援の方向性を示す評価法です。

💡 即効性のある環境調整の例

Gさんのように文字を読むことが苦手な場合、下記のような環境調整の方法が効果的です。

◉ 読む部分を明確にする

物的環境の調整により、「いま、どこを読んでいるのか」を明確にしていきます。

【拡大鏡（読書ルーペ）】

文字の大きさを拡大します。読んでいる場所を手で動かしながらルーペで追うことにより、視機能へアプローチできます。

【しおり（一行しおり）】

教科書に、文章のサイズに合わせたしおりを挟んでおきます。国語は縦書きで書かれているので、

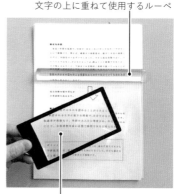

文字の上に重ねて使用するルーペ

カラールーペ

読んでいる行の右側に置くと、読み終わった部分の文字が消えて刺激量の調整になります。

◉ 文字と書体を調整する

教材やプリントの作成では、

- 文字と文字の間の「文字間」
- 行と行の間の「行間」
- 書体の種類や文字のサイズ
- 大切なところはゴシック体に、基本はUD教科書体を使用

りんご↔を↔たべました。
↕
とても↔あまかった↔です。

文節と行間をあける

などを子どもたちと相談することで、「読みやすさ」を教材に反映することができます。

● 直接書き込み、文節で区切る

教科書に直接書き込むことで、全体指導のなかでも個別に環境調整をすることができます。

- 色鉛筆で横線を引く
- 文節を区切る線を引く
- 登場人物などに丸印を書く
- 段落に数字シールを貼る
- 気持ちのマークを描く
- 読めない漢字にルビをふる

など、自分だけの教科書を作成することが効果的です。

むかしむかしあるところに、おじいさんとおばあさんがすんでいました。
おじいさんはトレーニングジムに行きました。おばあさんはお料理教室に行きました。

青や赤で書き込む

💡 読む力の改善を目指す学習

Gさんのように読むことが苦手な場合、下記のような学習の方法が効果的です。

● 助詞カードを入れて読む

「私はボール遊びがしたいです」を読む際に、「私はボー　ル遊びが　した　いです」のように、どこで区切っていいかわからない、言葉をまとまりとして見ることが難しいという困り感があります。

文章の助詞に注目できるようにすることで、名詞や動詞の言葉をまとまって見る意識を育みます。教科書などの文字のサイズに合わせて作成します。

例：（助詞）を入れてみました。

「私（は）ボール遊び（が）したいです」

■ 助詞カード

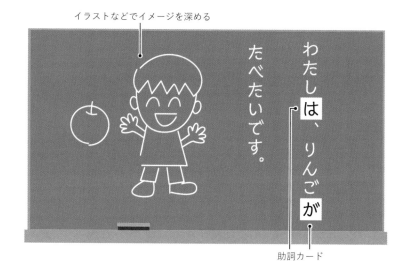

イラストなどでイメージを深める

わたしは、りんごがたべたいです。

助詞カード

◉ 数字を見つけよう！

　見たい部分を見る力を向上させる「跳躍性眼球運動」にアプローチします。下記のステップになります。

①全身を使って見つけることができるように、黒板にあるマグネットを見つける

②机上で見つけることができるように、個人用サイズのホワイトボードにあるマグネットを見つける

③操作できる数字チップを机上に置き、1から順番に見つける

④平面の紙面で見つけることができるように、プリントに印刷した数字を見つける

立体→半立体→平面のステップで、自分の見たい部分を見る力の
向上を目指します。

■ 例：③操作できる数字チップ

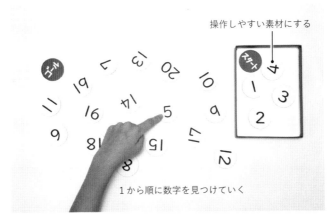

操作しやすい素材にする

１から順に数字を見つけていく

子どもたちがつかみやすいように、段ボールや木製チップなど、
厚みのある素材を使用するとスムーズな学習へとつながります

 おうちでTry!

「録音した読み聞かせで聞く」
家事をしていると、毎日が忙しいと思います。事前に「音読するペ
ージ」を保護者が録音しておき、子どもが家庭学習をする際に、見
本として聞くことができるようにします。大好きな保護者の声に学
習意欲も向上します。

POINT!

● 読むことが苦手な子の場合、読む部分を明確にすることや
　文字・書体の調整などが有効

書くことが苦手な Hさんのケース

ここでは、書くことが苦手な子への環境調整のポイントと文字を書く力の改善を目指す学習の例を紹介します。

Hさんの事例

Hさんは小学1年生で、明るく元気で教師や友達とおしゃべりをすることが好きです。計算が得意で、かけ算九九もスラスラと言えます。

しかし、ノートに書くときやテストで解答を書くときなどの「書く場面」でマスからはみ出してしまったり、筆圧の調整が難しく紙が破れてしまったりすることもあります。また、数字を書くことはできますが、「あとお」「ツとシ」を書き間違えるなど、似たような漢字を覚えることが困難です。

学ぶ意欲や書きたい気持ちはあります。教師は、Hさんの書くことへの苦手意識に気づいていたので、宿題の量の調整や板書を視写する部分を限定するなどの配慮をしています。

「書く力」へ多角的にアプローチする

文字を書くとき、どのような力を使っているでしょうか。

目に着目すると、板書された文字や鉛筆、ノートを無意識に順序よく見ながら書いています。

手に着目すると、指や手首、腕などを連動させて動かしています。鉛筆をスムーズに操作できるためには筋肉にアプローチする必要もあります。

顔や首に着目すると、板書や教科書とノートの位置に合わせて動かしています。姿勢が崩れると、情報をキャッチするための土台も崩れてしまい、脳への情報入力が難しくなります。

記憶に着目すると、覚えた文字の形を脳内でイメージし、思い出しながら保持された情報を出力して書いています。

子どもたちの背景要因については、書く力のどの部分に困り感があるのかを知ることが大切です。

💡 困り感の背景

Hさんの困り感には、「**書き間違い**」が見られます。この場合、**見る力のアセスメント**が大切になります。

幼児期から小学校低学年頃であれば、実態把握の1つの視点として、視知覚や目と手の協応をアセスメントする「フロスティッグ視知覚発達検査」を活用して早期発見につなげることができます。

■ アセスメントツールの紹介

《フロスティッグ視知覚発達検査 尺度修正版》

引用：https://www.nichibun.co.jp/seek/kensa/frostig.html

【日本版著者】飯鉢和子、鈴木陽子、茂木茂八

【適用範囲】4歳0か月～7歳11か月

【所要時間】30～40分程度

【特徴】

4歳～7歳11か月の子どもの視知覚上の問題点を発見し、適切な訓練を行うための検査です。この検査では、5つの視知覚技能（視覚と運動の協応、図形と素地、形の恒常性、空間における位置、空間関係）を測定します。

💡 即効性のある環境調整の例

　Hさんのように文字を書くことが苦手な場合、下記のような環境調整の方法が効果的です。

◉ 机上の書くスペースを広げる

　子どもたちの書く力を最大限に活かすためには、のびのびと学習できるスペースが必要です。

絵本立て　　　天板拡張くん

滑らない透明机シート

　教室の空間に余裕がある場合は、机の天板を拡張する道具を使用したり、机2台を連結させたりすることで、「ひじ→手首→指」の連動された運動をスムーズに実施できるスペースを確保します。

　また、①鉛筆と消しゴムを机上に置き、筆箱は机のなかにしまう、②教科書は必要なページを開いて絵本立てに立てかける、③ノートが滑らないように机上にシートを敷くなど、物的環境を調整することができます。

◉ 鉛筆にグリップをつける

　グリップを使用することで、「鉛筆を太くする＝持ちやすくする」ことができます。細いものを動かすよりも力が伝わりやすく、操作しやすくなります。シリコン製で形を自由に変えられるものもあります。

シリコンのグリップ

◉ ヒントカードを使用する

　右のヒントカード（間違えやすい文字を手の平に収まるサイズで1文字ずつ作成して束にしておく）等をお道具箱のなかに入れておくことで、いつでも活用できるようにします。

　イラストや読み方を追記することで視覚記憶・聴覚記憶・エピソード記憶（五感や思い出などと一緒に記憶する能力）にアプローチすることができます。子どもの実態を把握したうえで、長所を活かすことができるようなヒントカードを作成します。

　また、答えを直接教えるよりも、自分でできた経験を積み重ねることができるので、学習に意欲的に参加できるようにします。

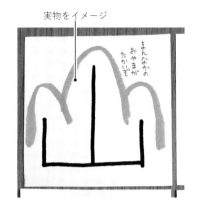

実物をイメージ

💡 文字を書く力の改善を目指す学習

　Hさんのように文字を書くことが苦手な場合、下記のような学習の方法が効果的です。

◉ 細かい部分に注目する「てんてん図形模写」

　見る力のなかには、視空間認知（漢字の場合は、平面にある空間上の位置を把握する力）という機能があります。

　ジオボードや点字図形模写などを使用して、空間のなかの位置を把握する力の向上を目指します。

　「顔」「様」など、画数が多くなるほど細かい位置関係の把握が大切になりますので、学習している漢字の学習と並行して、「てんてん図形模写」（次ページ参照）の難易度を上げていくことをおすすめします。

■ てんてん図形模写

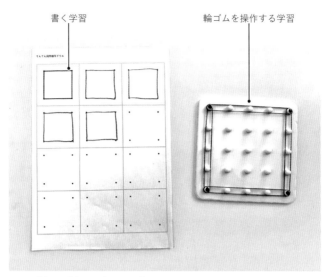

書く学習

輪ゴムを操作する学習

「点」と「点」を線でつなぎ、見本と同じ図形をつくる学習です。
平面の視空間認知の向上を目指します

💡 漢字は「イラスト・音韻・エピソード」のセットで記憶する

書くときの記憶のメカニズムには、

①見て記憶する（視覚的な記憶）

②聞いて記憶する（聴覚的な記憶）

③思い出と一緒に記憶する（エピソード記憶）

の３つがあります。３つの記憶する力を活用すると効果的に学ぶことができます。

漢字を学習する際にイラストを活用したり、教師や友達と一緒に思い出を伝え合ったりすることで効果的に学習を進めます。

また、教材を手づくりする際には、写真の上に漢字を書くなど、その子の学習深度に合わせて簡単に作成でき、楽しく記憶することができるように物的環境を調整します。

■ さまざまな背景色のノート

自分の目にやさしい色のノートを使う

ノートに照明の光が反射するまぶしさを調整

 おうちでTry!

「自分に合ったノートを使う」

書く力にアプローチする際には、背景色を調整することも効果的な方法の1つです。背景色が違うノートのほか、マス目の大きなノート、マス目に色がついているノートなど、さまざまなものがあります。子どもと相談をして、書きやすいノートを選びましょう。

POINT!

● 文字を書くのが苦手な子の場合、机上の書くスペースを広げる、鉛筆にグリップをつけることなどが有効

4-4 計算することが苦手な Iさんのケース

計算などが苦手な子への環境調整のポイントと数の概念や計算力の向上を目指す学習の例を紹介します。

Iさんの事例

　Iさんは小学2年生で、さまざまなことに興味・関心があり、好奇心旺盛に学んでいます。

　しかし、たし算やひき算の計算をする学習になると、とたんにあわてたり、解答を間違ったりする様子が見られます。Iさんの実態は下記の通りです。

・1から100まで数唱をすることができる
・5＋3など、繰り上がりのないたし算では、指を使って計算ができる
・6＋5など、繰り上がりのあるたし算になると、「繰り上がる」ことのイメージが難しく、「11（じゅういち）」を「101」と書く様子が見られる

　教師は、ひたすら計算問題を解かせたり、繰り上がりの方法を指導したりしますが、理解することが難しい様子です。

🔍 「概念理解」と「計算スキル」の両方にアプローチする

　計算は、たし算やひき算の概念が理解できてはじめて実生活で活用することができます。

　「繰り上がりって何？」「繰り下がりって何？」という学習も大切ですが、Iさんの場合は、「10のまとまりって何？」「10を分解して

126

みよう」など、第1学年の教育課程から丁寧に取り組むことが大切です。特に、算数のように系統性がはっきりしている学習では、「どこからわからないのか？」を発見することが重要です。

　ここで気をつけなければならないのは、「計算問題だけを反復して指導しても、実生活で活用できる計算力にはならない」ということです。計算問題だけを繰り返す指導になると、「1＋3＝4をパターンで解答することはできるが、口頭で出した問題や文章問題になると意味が理解できない」という状況になるため、**概念理解と計算スキルの両方にアプローチすることが大切**です。

困り感の背景

　Iさんの困り感は、「**概念理解**」であると想像できます。「わからない」状態で知識を重ねても、「わからない」に戻ってしまいます。この場合、**算数の学びの系統性のアセスメント**が大切になります。

チェックリストのある書籍の紹介

《通常学級で役立つ　算数障害の理解と指導法―みんなをつまずかせない！ すぐに使える！ アイディア48》
【著者】熊谷恵子、山本ゆう
【出版社】学研プラス
【発行年】2018年
【特徴】
　チェックリストでは、小学1年生の段階からチェックすることができます。学習障害の1つである算数障害では、計算ミスが多い、暗算ができない、式が立てられない、文章題が苦手などがありますが、全員にわかりやすい算数の授業を目指した本になります。

💡 即効性のある環境調整の例

　Ｉさんのように概念理解と計算が苦手な場合、下記のような環境調整の方法が効果的です。

◉ ものを操作してイメージをふくらませる

　位について理解をする際に効果
的な教材です。

　「10」という概念を理解するためには、下記の数、数詞、数字の
3つのセットが理解できていることが大切です。

①数　：おはじきが10個

②数詞：じゅう

③数字：10

おはじきや木の棒など、さまざまなもので数を学ぶ

　位ごとに分けられた数字を重ねることにより、理解を深めます。

◉ お金玩具を使ってイメージをもつ

　イメージを深めるために、お金玩具で学習をすると効果的です。

　「1円が10枚集まると10円1枚になる」「10円が10枚集まると100円1枚になる」「10円から1円だけもらうためには、10枚の1円にしなければならない」など、お金玩具であれば、大きな数になっても活用できます。

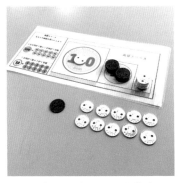

お金玩具で生活に即した学び

◉ 電卓やタブレットを活用する

やり方はわかっているけど、計算スピードがゆっくりなために当該学年の授業のスピードで参加することが難しいという困り感があった場合は、問題の量を調整することが効果的です。

「1問は自分の力で解き、残りの4問は電卓で解く」というように、即効性のある成功体験につなげることができます。

タブレットは、ボタンが大きくなるメリットもある

また、「10分間の計算タイムだけど、2分で終わってしまう」といった、早く解答できてしまう子にとっては、タブレットで反復学習することもおすすめです。

一斉指導のなかでは、それぞれのペースに合わせた環境調整が大切になってきます。

💡 数の概念や計算力の向上を目指す学習

Ⅰさんのように概念理解と計算が苦手な場合、下記のような学習の方法が効果的です。

◉ 引き算の概念を育む「食べもの食べちゃった」

計算について理解する際には、実生活につなげたり、子どものわかる言葉に置き換えると有効です。

引くであれば、「なくなる」「消えた」「食べちゃった」など、日常生活で使う言葉を用います。次ページ写真の教材は、「食べたらなくなるイメージ＝ひっくり返るとなくなる学習」につなげられるようにイラストが描いてあり、操作して学びます。

■ 食べもの食べちゃった

ひっくり返すと食べものがなくなる

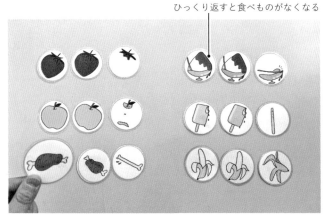

「3 − 1 = 2」をさまざまな食べ物で表現しており、
引いた数の分だけカードをひっくり返します

💡 教科書と色を合わせた「筆算お助けシート」

　学校と家庭で使用する学習道具を同じものにすると、スムーズに
理解できることが多いです。また、A学習道具（教科書）とB学習
道具（ノート）のように、見て解く（Aを見てBを解く）学習道具
の色合いを統一するだけでも、スムーズな理解につながります。

　次ページ写真の「筆算お助けシート」の教材は、繰り返し学習が
できるように、ラミネートをしています。ホワイトボードマーカー
用のペンで書いて、ふきんで簡単に消すことができます。

【作成手順】
①一の位から順に色を変える
②位と位の間にあるケイ線の色と太さを決める
③印刷をする
④ラミネートをする

■ 筆算お助けシート

教科書と色を合わせる

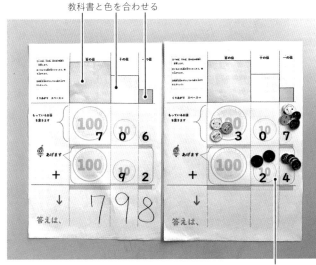

お金を操作しながら確認できる

 おうちで Try!

「電卓を使って丸つけをしよう」

家庭学習や学校の宿題で計算問題に取り組んだあとには、答えを見て丸つけをする機会も大切です。また、電卓で計算する機会をつくると、計算方法を確認したり、自分でケアレスミスに気がついたりと、計算力の向上につながります。

POINT!

● 計算などが苦手な子の場合、ものを操作してイメージをふくらませたり、お金玩具を使ってイメージをもつことなどが有効

4-5 絵を最後まで完成させるのが苦手なJさんのケース

ここでは、絵を最後まで完成させるのが苦手な子への環境調整のポイントと絵を描く力の改善を目指す学習の例を紹介します。

Jさんの事例

Jさんは小学2年生です。絵を描くことが大好きで、図工の時間は大はりきりです。休み時間には、自分の自由帳に発想力豊かに絵を描く様子が見られます。

しかし、絵を描く際に夢中になりすぎるあまり、いつの間にか紙が破れてしまったり、色を塗り足しすぎてしまい、絵が真っ黒になってしまうことがあります。そのため、教師に注意されることがあります。

Jさんは図工の時間が大好きでしたが、だんだんと学習意欲が低下してしまいました。

「絵を描く力」を考える

絵の発達は、文献によっては名称や年齢の区分が異なることもありますが、子どもたちの絵の発達の順序性は基本的に同じです。ただし、個人差があり、年齢や子どもによって異なることがあるため、流動的に考えることが大切です。

Jさんの場合、紙を破いてしまうことやいつの間にか塗りつぶしてしまう様子が見られます。絵の描き方の指導はもちろんですが、**指先の力の調整や絵が完成するまでの見通し**についても環境調整が

必要だと考えられます。

💡 困り感の背景

　Jさんの困り感には、「**指先の力を調整すること**」や「**見通しをもつこと**」が見られます。Jさんの学習意欲を大切にできるように、クレヨンや紙など、さまざまな学習道具で「自分の描きやすいもの」を選択できるようにすると効果的です。

　また、下記の絵の発達段階についても理解し、発達に即した声かけができるようになることも大切です。

🔲 子どもの絵の発達段階

> Ⅰ　なぐりがきの時期（1歳半〜2歳半ごろ）
>
> 　スクリブル、錯画期、ぬたくり期
>
> Ⅱ　象徴期（2歳半〜4歳ごろ）
>
> 　命名期、4歳ごろの絵を図式前期
>
> Ⅲ　図式期（5歳〜8歳ごろ）
>
> 　展開描法、多視点画法、レントゲン描法など
>
> Ⅳ　写実の黎明期（8歳〜11歳ごろ）
>
> 　部分知覚が優勢、矛盾のある表現
>
> Ⅴ　写実期（11歳〜14歳ごろ）
>
> 　客観的、写実的
>
> Ⅵ　完成期（14歳〜18歳ごろ）
>
> 　高度な描写や表現、心情や思想的な美も理解

※出典：子どもの絵の世界―絵から読み取る発達の道筋とその指導、東山明・
　　　清田哲男著、日本文教出版、2018年

💡 即効性のある環境調整の例

　Jさんのように絵を完成させるのが苦手な場合、下記のような環境調整の方法が効果的です。

◉ 使いやすいクレヨンを使う

　クレヨンにはさまざまな種類があり、子どもたちの学びには色が薄くて細いクレヨンは不向きです。塗り方や握り方を丁寧に観察し、ストレスなく絵画表現を楽しめるようにすることが大切です。

子どもに合ったクレヨンを使用する

【クレヨンを選ぶ視点】

・太さ　・長さ　・硬さ

・濃さ　・色の種類

◉ 紙の厚さを調整する

　画仙紙やケント紙、上質紙、模造紙、画用紙、版画用紙、厚紙、段ボール紙など、さまざまな種類の紙があります。学びの目的が「素材を楽しむ」など1種類の紙に限定する場合を除き、「表現すること」が学びの目的であれば、自分に合った紙を子どもが選べるようにすると、破れにくくなり、達成感につながります。

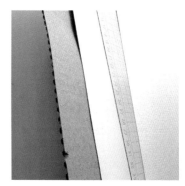

段ボール紙やキャンバス紙など
（紙の厚さを調整する）

◉ 先生のおすすめシートで見通しをもつ

「おわり」までを見通すことが
できるように、「なぞりがきおす
すめシート」(右) を示します。表
現方法を狭めたり、価値観を限定
するのではなく、あくまでもその
子の絵を尊重できるように声か
けをします。

見本をなぞってぬる

　Jさんがまだ描きたいと思っているとしたら、別のシートを配布
するなど、満足感を大切にできるようにします (絵を描くことがで
きる喜び)。
　また、完成させた作品をできるだけ早く教室などに掲示すること
で、作品そのものに満足感が得られるようにすると効果的です (飾
られているところを見て、認められた喜び)。

💡 絵を描く力の改善を目指す学習

　Jさんのように、絵を描いて完成させる (作品として残すことがで
きる) ことが苦手な場合、下記のような学習方法が効果的です。

◉ 順番に沿って描いてみる

　気持ちのコントロールの視点では、教師の指示に従って描くこと
も重要です。「今日は先生の顔を描いてみよう」「今日はボール遊び
をテーマに書いてみよう」など、身近な人や話題をテーマにして楽
しく取り組めるようにします。
　顔の絵であれば、次ページのような手順表を見ながら自分で描く
ことを目標に、必要に応じて手を添えたり、声かけをしたりすると
効果的です。

■ 顔の絵の手順表

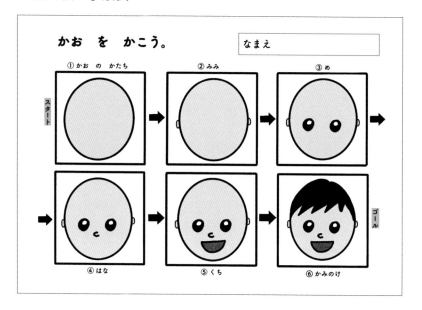

● 絵を完成させよう

　70％は教師が描き、残りの30％を子どもが描くというシンプル
な学習ですが、「絵を完成させた」という満足感と達成感にアプロー
チしながら「完成」を意識できるようにします。

　子どものなかで絵の物語は続き、絵の上に絵を重ねて描いてしま
うことや、気がつくと絵が真っ黒になってしまうことがあります。1
枚の絵に収まりきらない場合、家庭での時間や学校の休み時間など
に、別の画用紙の上で物語をつくって表現し、楽しむことができる
時間を大切にします。

　スモールステップとして、「教師が事前に描いておく絵の割合を
少しずつ少なくしていく」「小さな紙から取り組み、最終的には大き
な紙で取り組んでみる」など、活動の時間内で完成させることを大
切にします。

■ 教師がマジックで描いた上から子どもが人々を書いた絵

 おうちでTry!

「まねっこして描こう」

①保護者が見本の絵を描きます（絵は1個からスタート）

②子どもがまねをして描きます（声をかけ、ほめながら）

このとき、苦手意識が強くならないように、子どもが描ける絵や好きな絵から取り組むと効果的です。

POINT!

●絵を最後まで完成させるのが苦手な子の場合、使いやすいクレヨンを使ったり、紙の厚さを調整したりすることなどが有効

体やものの操作が苦手な Kさんのケース

ここでは、体やものの操作が苦手な子への環境調整のポイントとものなどの操作力の向上を目指す学習の例を紹介します。

Kさんの事例

Kさんは小学6年生のおっとりした性格の子です。誰とでも分け隔（へだ）てなく関わることができ、友達も多いです。

友達にKさんのことを聞くと、「やさしくておっちょこちょいで面白い」という返答でした。理由は、日常生活のなかで「よくぶつかる」「よくぶつける」ことがあるからです。

Kさんの一番の困り感は、自分と対象との距離感の把握が難しいことです。

ほうきを持てば壁にぶつけてしまう、教室を歩くと友達にぶつかってしまう——。自分自身でもよくぶつかることに気づいていますが、気をつけていてもぶつかってしまいます。

周りの友達はやさしいのですぐに許してくれますが、Kさんの心は苦しんでいます。

立体的な視空間認知へアプローチする

私たちが無意識に人やものにぶつからないように生活できる理由は、**視空間認知**（目から入った情報のうち、ものの位置や向きを認識する能力）や**ボディイメージ**（脳内にある自分の身体に対するイメージ）が育っているからと考えられます。

これらの力は、視空間認知やボディイメージについての学習を繰

り返すことで改善と向上を目指すことが期待できます。

困り感の背景

　Kさんの困り感には、「ぶつかってしまうこと」があります。この場合、**見る力のアセスメント**が重要になりますが、**同時に流動性認知機能**（その場でとっさに判断しなければならないときに使う能力）についてのアセスメントも大切になってきます。

　ぶつかりそうになったときの判断力と対応スピードについても丁寧に学習を積み重ねることで、困り感の改善につなげることができると考えられます。

※学校での学習や日常のいろいろな経験によって身につく能力は**結晶性知能**と呼ばれています

アセスメントツールの紹介

《CAB　認知能力伸長検査》
引用：http://www.taken.co.jp/cab.html
【著者】杉原一昭
【適用範囲】5歳以上
【実施方法】検査編とトレーニング編
【特徴】
　認知能力の1つである「流動性認知能力」を鍛えるために開発された新しい検査です。繰り返し実施することで、認知能力の伸びを実感できます。ゲームで遊ぶような感覚で能力を伸ばすことができます。

💡 即効性のある環境調整の例

Kさんのように視空間認知やボディイメージが苦手な場合、下記のような環境調整の方法が効果的です。

◉ 長さを調整する

掃除の場面では、学校では「ほうき」、家庭では「掃除用ワイパー」などを使用する機会が多いと思います。

丁寧に掃除をしているが壁や椅子などにぶつけてしまう理由は、掃除用具が自分のイメージよりも長いのかもしれません。

持つ部分を短くして操作がしやすいようにすると、ぶつかる回数を少なくできることがあります。

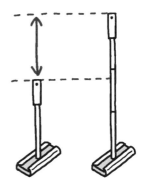

操作できる長さ

◉ 巨大化や縮小化をする

学校にある黒板消しを例に考えてみます。片手での操作が難しい場合、「大きく」して両手で持てるようにします。

落ち着いてゆっくりは苦手だけど素早く動かすことができるときは、「小さく」して体を動かすことができるようにします。

大きくて両手で安定して持てる

もののサイズを子どもたちに合わせて調整することも大切です。

◉ シールを貼って「持つ位置」を確認する

　持つ部分にシールを貼ることによって、即効性のある成功体験を目指します。

　視覚的な理解を促しつつ、ほうきの握り方がよかった際に具体的にほめるなど、イメージを深めることができるようにします。

　掃除用のほうきなど、全体で共有して使用する道具に関しては、

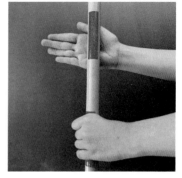

子どもに合わせて位置を決める

その子にも使用する全員にも便利という視点で環境を調整すると、声かけを統一できて効果的です。

💡 体やものの操作力の向上を目指す学習

　Kさんのように、視空間認知やボディイメージが苦手な場合、下記のような学習の方法が効果的です。

◉ 動画を視聴して、見本の真似をしよう

　近年は、無料で視聴できる動画も増えましたが、担任教師が事前に動きを動画で収録して準備しておくと、身近な人が見本となり、指示も通りやすくなります。

【やりかた】
①見本と同じように自分の体の部位を触る
②見本と同じように体を静止する
③見本と同じように1つの部位を動かす（片腕を回す）
④見本と同じように複数の部位を動かす（手と足）
⑤見本と同じようにリズムよく体を動かす（ダンスなど）

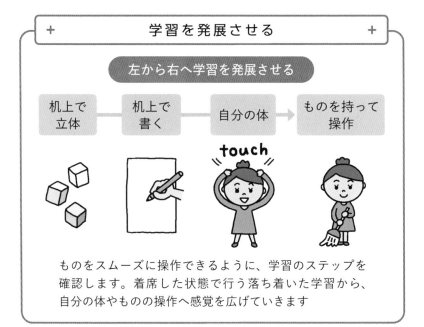

学習を発展させる

左から右へ学習を発展させる

机上で立体 → 机上で書く → 自分の体 → ものを持って操作

touch

ものをスムーズに操作できるように、学習のステップを確認します。着席した状態で行う落ち着いた学習から、自分の体やものの操作へ感覚を広げていきます

◉ 黒板で鬼ごっこをしよう

【やり方】

①教師が黒板にチョークで線を引く

②黒板全体が見える位置から、線を指差しながら目で追う

③黒板消しを使って線を消していく

【難易度を高くする】

①教師が黒板にチョークで線を引く

②黒板消しを使って線を消していく

③教師は、スピードに緩急をつけながら2分間程度の時間を設定して取り組めるようにする

　目と手と体全体を使って空間を認知し、ボディイメージを高められるような学習を取り入れることがおすすめです。

黒板で鬼ごっこ

教師が線を引いて、子どもは線の上を見ながら消す
ゆっくり消すことが大切

 おうちで Try!

「ジェンガやあやとりで遊ぼう」

家庭では、ほうきやぞうきんを使用する機会が減っています。まず
は、目と手の協応を促すために座ってできる立体の遊びであるジェ
ンガやあやとりで、「ものと自分」「相手と自分」の距離感を感じる
ことが大切です。

POINT!

●体やものの操作が苦手な子の場合、ものの長さを調整した
　り、ものを大きく・小さくすることなどが有効

縄跳びが苦手な
Lさんのケース

縄跳びが苦手な子への環境調整のポイントと協調運動を取り入れた
学習の例を紹介します。

Lさんの事例

　Lさんは小学3年生です。鬼ごっこが好きで、休み時間には友達と楽しく外遊びをする様子が見られます。負けず嫌いな性格で、特に体育の授業では、一生懸命に取り組む様子が見られます。

　しかしLさんは、縄跳びができません。大縄跳びで教師が大縄を回すと1回は跳ぶことができますが、連続して跳ぶことは難しいです。

　個人用の短縄跳びを使った前回し跳びでは、連続して跳ぶことができません。夢中になって練習をしていると、いつの間にか校庭の端っこにいることがありますが、決してふざけているわけではありません。

💡 縄跳びの体の動きを細分化して考える

縄跳びを跳ぶときには、以下のような動きになります。

①その場に立つ
②縄跳びのグリップ（持ち手）を握る
③両足でまっすぐ上に跳ぶ
④バランスを保って着地する

⑤手首（腕）を使って縄を回す

⑥連続してリズムよく跳ぶ ＋ 縄を回す

　細かく書こうとするといくつでも出てくるくらい、複雑な運動であることがわかります。上に跳ぶだけでも、無意識のうちに左右の足を同時に動かしながら、体幹を中心にバランスを保っています。さまざまな動きのなかから、**どの動きが苦手なのかを観察することが大切**です。

💡 困り感の背景

　Lさんの困り感は、「**複数の動きを同時に行う協調運動**」にあります。この場合、さまざまな感覚が未発達であることが背景要因にあると想像できます。

　アセスメントの1つとして、**感覚統合**（外界から入ってくる膨大な量の感覚・情報を、適切に整理したりまとめたりする脳の働き）の視点を取り入れることも有効かと考えられます。

▦ アセスメントツールの紹介

《日本版感覚統合検査　JPAN　感覚処理・行為機能検査》

引用：https://www.p-supply.co.jp/products/index.php?act=detail&pid=310

【適用範囲】4 〜 10歳

【所要時間】A 〜 Cの3セット、1セットあたり約40分

【特徴】

　発達障害児の感覚統合障害の早期評価とそれに続く治療的介入に役立つよう4〜10歳の子どもを評価できます。注意集中が難しい子どもが多いことから、可能な限り楽しく、遊び感覚で子どもが検査に臨めるような内容や構成になっています。

💡 即効性のある環境調整の例

　Lさんのように縄跳びを跳ぶことが苦手な場合、下記のような環境調整の方法が効果的です。

◉ 縄跳びをカスタマイズする

　縄跳びの長さや重さに着目しながら手作りします。子どもたちの「自分で跳べた経験」を優先しながら、その時間の学びの目標を具体的に設定すると、やるべきことが明確になり、取り組みやすくなります。

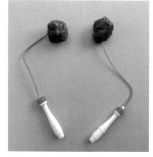

縄跳びを切断し、紙を丸めてビニールテープで貼る

【目標】体のうしろから前に縄を回そう
　縄の中心に「重り」をつけて回しやすいようにする
【目標】グリップを連続で回そう
　連続して回すことが意識できるように縄を切り、重りをつける
【目標】前回し1回跳びをしよう
　ゴム製ではなく縄製を使用することで適度な重みを感じる

◉ ジャンプ台を使用する

　縄跳びに困り感を感じる子に多く見られるのが、「ドンドン！」と強く地面に着地してしまう姿です。足への負担を軽減しながら、ジャンプ台で跳ぶ動きに力を伝えることができるようにします。

滑り止め　　　ジャンプ台

● 両足ジャンプの位置をマークする

　Ｌさんのように、「気がついたら校庭の端っこへ移動してしまっている」→「同じ場所で跳び続けることが難しい」場合には、視覚的にわかるマークを設置すると、同じ場所で跳ぼうと意識することができます。

ゴム製の目標
（跳ぶ運動では平らな素材にすると安全）

【教室や部屋など】

　ビニールテープを貼る

【体育館や遊戯室など】

　足型や円のマークを設置する

【校庭や公園など】

　石灰で線を引く、足で砂を避けて線を引く

などは、すぐにできて即効性があるのでおすすめです。

🍀 協調運動を取り入れた学習

　Ｌさんのように、縄跳びを飛ぶことが苦手な場合、下記のような学習方法が効果的です。

● グーパー運動

　机上で協調運動の学習を行います。着席して取り組むことで、体を安定させることができるため、協調運動に苦手意識のある子でも楽しく取り組むことができます。

　次ページ写真のように、左手と右手でそれぞれ違う指示で出される「グー、チョキ、パー」を出します。まずは自分のペースで取り組み、慣れてきたら、リズムよく左右を同時に出せるように繰り返し学んでいきます。

■ グーパー運動（左右の手を同時に動かす運動）

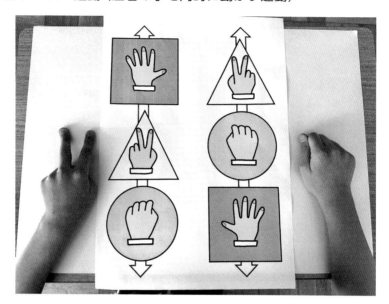

◉ 全身運動！　くまさんになってペットボトルを倒そう

【ゲームの進め方】

- 両手を床について腰を上げます（赤ちゃんのハイハイのポーズでも可）
- 二本足歩行にならないように、両手両足を使って移動します
- 指示された順番にペットボトルを探し、手や足で倒します。この際、全身を使って空間を意識して取り組むことができるように、前後左右バラバラに倒す指示を出します
- 全部倒したらゲーム終了です

【難易度を上げる】

- ペットボトルを置く間隔を狭くする
- 250mlや2Lなど、高さがさまざまなペットボトルを使用する

■ トランポリンでジャンプ

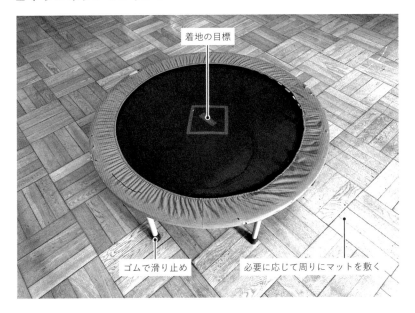

着地の目標

ゴムで滑り止め

必要に応じて周りにマットを敷く

 おうちでTry!

「トランポリンでジャンプ」（ジョイントマットも可）

滑らないように環境を整えて、両足ジャンプの練習をします。床や地面では、着地している感覚や跳ぶときの感覚が体に伝わりにくいため、トランポリンなどを使用しながら、楽しく全身運動をすることがおすすめです。

POINT!

● 縄跳びを跳ぶのが苦手な子の場合、縄跳びをカスタマイズ
  したり、ジャンプ台を使用するなどが有効

4-8 忘れ物が多く荷物管理が苦手なMさんのケース

ここでは、荷物管理が苦手な子への環境調整のポイントと忘れ物を
予防することを目指す学習の例を紹介します。

Mさんの事例

Mさんは小学5年生で、些細なことによく気がつく性格です。
担任教師が忙しそうにしていると自分から手伝ったり、友達が
困っていると自分から声をかけたりする姿が見られます。

Mさんが一番困り感を感じるのは、忘れ物が多いことです。
片づけるときには「どこに片づけていいのかわからない」、準
備するときには「何を準備すればいいのかわからない」といっ
た困り感があります。

教科書やノートなどを忘れてしまうため、授業中には学習に
参加できないことも多く、教師や友達からの「また忘れたの?」
というさりげない一言に傷ついています。

記憶力にアプローチしながら、「もの」の空間をつくる

忘れ物が多い子は、**ワーキングメモリ**(作業記憶や作動記憶と呼
ばれることもあります)にアプローチすることが有効です。

お道具箱から学習道具を取り出そうとして、「さっきなんて言わ
れたんだっけ?」という場面や、ランドセルに明日の準備をすると
きに、「あれ? 明日は何をするんだっけ?」という場面などでスム
ーズに思い出すことができるように物的環境を調整する必要があり

ます。

　また、思い出す際には、お道具箱やランドセルが整理整頓されていないと混乱してしまいます。忘れ物を予防するためには、**まず、使用している学習道具を整理整頓するところから始めます。**

💡 困り感の背景

　Mさんに限らず、忘れ物が多いことや荷物管理が苦手な場合には、「**落ち着きがない**」「**話を聞いていない**」「**注意・集中が難しい**」「**整頓する必要性を感じていない**」など、複数の背景要因があると想像できます。

　「活動に参加することが難しい」「自己肯定感が低下してきている」など、困り感の大きさによっては関係機関と連携し、知能検査などでアセスメントすることも大切です。

▧ アセスメントツールの紹介

《Wechsler Intelligence Scale for Children - Fifth Edition
略称：WISC-V（ウィスク・ファイブ）》

引用：https://www.nichibun.co.jp/seek/kensa/wisc5.html

【日本版作成】日本版WISC-V刊行委員会
上野一彦、石隈利紀、大六一志、松田修、名越斉子、中谷一郎

【適用範囲】5歳0か月〜 16歳11か月

【所要時間】45分〜

【特徴】

　子どもの知能を測定する個別式の包括的な臨床検査です。全般的な知能を表わす合成得点（FSIQ）や5つの主要指標得点（言語理解指標、視空間指標、流動性推理指標、ワーキングメモリー指標、処理速度指標）、5つの補助指標得点を算出します。

💡 即効性のある環境調整の例

Mさんのように荷物整理に苦手意識のある場合、下記のような環境調整の方法が効果的です。

◉ 自分でチェックする習慣をつける

「やることチェッカー」など、スイッチをカチカチっと動かして、自分でタスク管理する道具が有効です。

近年はオンラインでも購入できますので、本人と相談をして使いやすいデザインのものを選びましょう。

完了したら〇にする

使用方法や使用するタイミングを必ず理解してから、生活のなかで活用できるようにします。慣れないうちは、定期的に声かけをすることが大切です。

◉ 整頓袋をつくり、やることを貼る

たとえば、

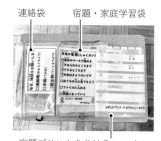
連絡袋　　　　宿題・家庭学習袋
宿題プリントを分けるファイル

・連絡帳
・宿題プリント
・学校から配布される手紙
・折り紙などの作品

などを1つの袋にまとめて入れたり、ランドセルにそのまま入れてしまうと、手紙がクシャクシャになったり、どこに入れたのかわからなくなって困り感を誘発する原因になります。

可能であれば、透明な袋に色をつける（例：連絡帳と手紙は赤でマークした袋に入れる、宿題は青でマークした袋に入れるなど）と

効果的です。クリアファイルを使い、紙がクシャクシャにならない
ようにすると取り出しやすくなります。

「きれいにしなさい」「ちゃんと入れなさい」という抽象的な注意
のような声かけの前に、「クリアファイルに入れてね」と具体的な声
かけにすると、成功体験につなげることができます。

◉ 付箋などのメモで確認する

付箋に書いて筆箱に貼っておくな
ど、メモを活用すると有効です。

付箋を活用すると、やることが完了
したら捨てることができるため、「完
了」したことがわかりやすいというメ
リットがあります。

筆箱に貼った付箋

忘れ物を予防することを目指す学習

Mさんのように、やることを忘れたり荷物を整理することに苦手
意識がある場合、下記のような学習の方法が効果的です。

◉ カードを記憶しよう

次ページのように、カードを順番に記憶する学習です。3枚のカー
ドから始めます。やり方は、①教師が見本を掲示し、子どもが20
秒で記憶をする、②教師が見本をひっくり返す、④子どもが記憶し
た順番にカードを並べる、というものです。

最高で7〜9枚までチャレンジするとゲーム性があり、楽しいで
す。「左から記憶して、右から順番に並べる」など、指示を追加する
と難易度を上げることができます。

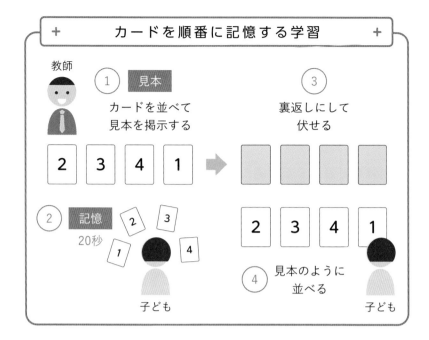

◉ 時間を決めて「やることリスト」を達成しよう!

　タイムタイマーやストップウォッチを活用して、時間を決めて「やることリスト」に取り組みます。自分のペースではなく、決められた時間内で活動するときには、心に負荷がかかります。必要以上に焦ってしまったり、「できなかった」という経験になってしまったりしまわぬように、余裕をもって時間配分をします。

【進め方】
①「やることリスト」を作成する
②「作業をする→チェックをする」を順番に繰り返します
③終わった作業にマグネットを置いていく
④教師にやることリストを見せて報告をする

　教師は、子どもたちが自分でできるように見守る姿勢を基本とします。

やることリストとタイムタイマー

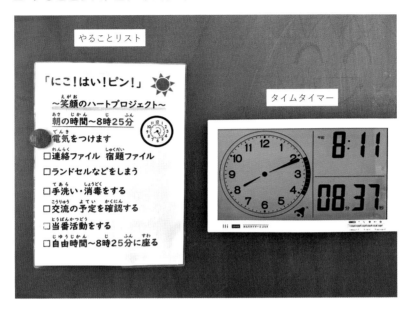

やることリスト

「にこ！はい！ピン！」

〜笑顔のハートプロジェクト〜

朝の時間〜8時25分

□電気をつけます

□連絡ファイル　宿題ファイル

□ランドセルなどをしまう

□手洗い・消毒をする

□交流の予定を確認する

□当番活動をする

□自由時間〜8時25分に座る

タイムタイマー

 おうちで Try！

「向かい合って確認をしよう」

向かい合って準備や片づけをする時間を設定します。①一緒に確認をする、②基本は見守り、必要なときのみ一緒に確認をする、③声かけのみで確認をするようにスモールステップで取り組んでいきます。学校と声かけを共通にすると効果的です。

POINT！

●荷物管理が苦手な子の場合、自分でチェックする習慣をつけたり、整頓袋をつくってやることを貼るなどが有効

教材を手作りする際に
大切にしていること

手作りの教材を作成するときには下記の点を大切にしています。

❶ 子どもの「強み」を取り入れる

子どもたちが意欲的に学ぶ一番の近道は、子どもたちの強みを取り入れることです。たとえば、「りんごが好き」「操作できる」という強みがある場合、りんごの絵のチップなどを使って算数の学習ができるように教材を作成するなど、パッと見てウキウキするようなデザインを心がけています。

❷ 教材を使用する子どもと相談してデザインを決める

「どんな書体が読みやすいか」「どんな色がわかりやすいか」「どんな大きさが持ちやすいか」など、子どもと相談して教材を作成することは絶対に欠かさないようにしています。

❸ 「楽しい」と思える学びを創造する

「ステップアップするけど自分でできるように難易度を調整する」「新しく知ることを取り入れる」「これまでにあったものを組み合わせる」など、子どもたちが楽しく学べるようにしています。

❹ 主役は子ども！ 教材が主役にならないようにする

他の先生から「教材すごいね」と言われることがありますが、すごいのは教材で学習する子どもたちです。①〜③を大切に、子どもが学習目標を自分で達成できる教材を心がけています。

第 5 章

教室などの「空間的環境」のコツ

この章では、空間的環境の特徴をふまえたうえで、集団参加が苦手な子、位置の把握が苦手な子、片づけるのが苦手な子など、ケース別の空間的環境の調整のコツについて説明します。

5-1

空間的環境の特徴とは?

空間的環境は、「五感を意識する」ことを大切に、過ごす場所の動線
や子ども同士という集団をデザインします。

💡 五感で感じる空間的環境

　人は空間を認識する際、主に「視覚」からとらえています。しか
し実際には、聴覚や触覚、気流の流れ、温熱感、場合によっては嗅
覚なども使って空間を認識しています。私たちもふくめ、子どもた
ちは**無意識のうちに五感を活用して空間を認識しています**。

　教育業界では、「授業のユニバーサルデザイン」と聞くことがあり
ます。「黒板周辺に掲示物を貼らない」「板書とノートの一体化」な
ど、視覚刺激の調整に特化した内容が多いです。

　しかし、情報は視覚だけで認識されるものなのでしょうか?　混
雑している階段を例に考えると、目で見えないときには、耳を使っ
て登り降りする足音(聴覚)で階段の存在に気づきます。

　子どもたちが集まる学校では、授業中に感じる友達が鉛筆で書く
音、教師の表情、給食のにおい、校庭で流れる音楽など、さまざま
な感覚器官を使って空間を感じているのです。

　特定の感覚にのみ配慮するのではなく、**五感を意識して、視覚・
聴覚・触覚・嗅覚などと組み合わせた情報を提供**することで、より
多くの子どもたちにとって過ごしやすい空間をつくれます。

💡 空間的環境を調整する

　私たちは空間を無意識に認識しているため、教師自身が意識して

158

+ **視覚・聴覚・触覚・嗅覚の空間的環境の具体例** +

視 覚

- 色彩：明度・彩度のコントラストの調整
- 照明：明るさ、まぶしさの調整
- 発見しやすいサイン：ピクトグラム、教室案内　など

聴 覚

- 音・BGM：活動によって曲を選定する
- 立体空間：学習によって音の反響を活用する
- 音のサイン：学校のチャイム、タイマーの音　など

触 覚

- 素材：ザラザラ、ふわふわ
- 形：凸凹、大きい・小さい　など

嗅 覚

- 自分のにおい：髪の毛、衣服、持ち物
- 他者のにおい：話しているとき、その場にいるとき
- 空間のにおい：トイレのにおい、給食のにおい　など

気を配ることが大切です。「心地いい」「過ごしやすい」など直感的に感じている側面もあり、学校など集団生活の場では、一人ひとりに合った空間に調整することが難しいともいえます。

　そのため空間的環境の調整では、**「五感を意識する」ことを大切に、過ごす場所の動線や子ども同士という集団をデザインします。**

 POINT!

- 空間的環境の調整では、五感を意識してさまざまな情報を提供することで、より多くの子どもたちにとって過ごしやすい空間をつくることができる

集団参加が苦手な
Nさんのケース

ここでは、集団参加が苦手な子への環境調整のポイントと気持ちよく過ごせる集団を目指す学習の例を紹介します。

Nさんの事例

　Nさんは小学4年生で、毎日、静かに読書をすることが好きです。教師が外遊びに誘うと、ほほえんで一緒に遊ぶ姿が見られますが、自分から話しかける姿はあまり見かけません。

　担任教師が気になっているのは、教室に入るときです。廊下と教室を行ったり来たりしていて、教室に入るのに時間がかかってしまいます。声をかけるとスムーズに入ることができ、授業態度はまじめで担任教師の話をよく聞いています。

　そんなNさんは、毎日、休まずに登校していましたが、ある日突然学校を欠席するようになりました。理由を聞くと、「教室にいるのが疲れる」「自分の家で勉強する」という言葉のみです。スクールカウンセラーとの話で、Nさんは「集団のなかにいることがストレス」であったことがわかりました。

💡 安心・安全な空間をつくる

　子どもたちは、生活のほとんどの時間を学校で過ごしています。8時頃〜16時頃までの約8時間を過ごす空間はストレスフリーであることが望ましいですが、集団生活の場では、すべてのストレスを取り除くことは厳しいのが現実です。

　学習で悩む子や人間関係で悩む子など、悩みは子どもそれぞれに

あります。

　「子ども同士という集団」が一人ひとりにとって居心地のいい空間になるためには、担任教師の関わりによる影響は大きいです。

　素直になれる場や相談できる場、休みやすい場など、子どもたちのストレスを和らげることができるように学級という空間をつくることが大切です。

💡 困り感の背景

　Nさんの一番の困り感は、「**集団にいることが疲れるのを相談するのが難しかったこと**」です。そのために、心のキャパシティが限界になってしまったと想像ができます。

▓ アセスメントツールの紹介

《Q-U　Questionnaire-Utilities　楽しい学校生活を送るためのアンケート》

引用：http://www.toshobunka.co.jp/examination/qu.php

【監修】田上不二夫

【著者】河村茂雄

【適用範囲】小学1〜3年／小学4〜6年／中学1〜3年／高校
　　　　　　1〜3年

【所要時間】15分程度

【特徴】

　学校生活意欲と学級満足度の2つの尺度で構成されており、学級経営のための有効な資料が得られます。学級診断アセスメントとして活用でき、いじめや不登校などの問題行動の予防と対策に活用することができます。

💡 即効性のある環境調整の例

　Nさんのように集団生活に疲れやすい子の場合、下記のような環境調整の方法が効果的です。

◉ 安心できる空間

　隣の人と適度な距離が保たれており、自分のパーソナルスペースが確保されていると安心です。

【例】満員電車がストレス

（視覚）視覚が遮られる

（聴覚）イヤホンから漏れる音

（触覚）隣人とぶつかる、湿度

（嗅覚）電車内のにおい

腕を丸くした距離＝パーソナルスペース

◉ 何気ない日常のなかで「ほめられる機会」がある空間

　学校現場は、順位主義が根強く残っていると感じます。表彰されるのは、誰かと比べて優れている結果を出した子が圧倒的に多いです。

　賞状や順位という形にならなくても、日々の生活のなかで賞賛される場面は、すべての子にあるはずです。交換ノートやハンドサイ

ほめられたときの気持ちについても確認

ン、ご褒美シール帳など、ほめられていることがわかる環境調整をして、すべての子どもたちがほめられることが大切です。

◉ 認め合える空間

　子どもの意見を認める雰囲気を
大切にします。学校では、「間違っ
てもいいんだよ」「失敗したって
いいんだよ」という言葉を聞きま
す。認め合える空間があってこそ、
子どもたちは新しいことや少し不
安なことにも挑戦することができ
るのです。

相手を認める言葉

　議論も大切ですが、「○○さん
の△△がいいと思います。私は××だと思います」のように、相手
の意見を一度、「受け止める」「認める」という姿勢を育んでいける
ようにします。教師が日頃から「受け止める、認める」姿勢にする
ことで、子どもたちが教師の姿を見て学べるようにします。

💡 気持ちよく過ごせる集団を目指す学習

　Nさんのように集団生活が苦手な場合、学級全体で下記のような
学習の方法が効果的です。

◉ あたたかい言葉で伝えよう

【ぽかぽか言葉】いいね！　大好き！　すごいね！　ドンマイ！
【ちくちく言葉】うざい！　バカ！　あっちいけ！　クソが！

　このような子どもたちの使う言葉にフォーカスして学習をしま
す。実際に言われて嬉しかった言葉、傷ついた言葉を共に過ごすみ
んなで共通理解をすることが大切です。

　文字だけではイメージが難しい場合、表情をイラストにして掲示
したり、それぞれが付箋に書いた言葉を集めて、ハートや木の形に
すると理解が深まります。

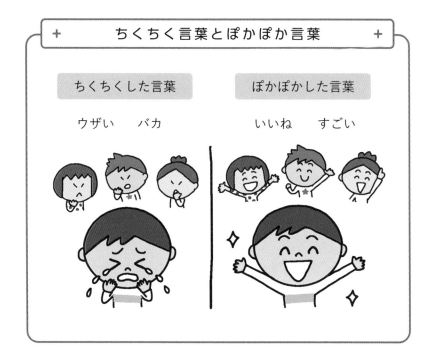

ちくちく言葉とぽかぽか言葉

ちくちくした言葉

ウザい　バカ

ぽかぽかした言葉

いいね　すごい

◉ 集団としての学級肯定感を高めよう

　働き方改革で学校行事の精選が行われています。行事は、子ども
たちの集団としての肯定感を高めるために有効な教育活動だと感じ
ています。反面、持久走大会の順位決めなどは、学級全体の肯定感
を下げる結果となっている現実もあります。

　持久走大会の目的は、体力の向上としている学校が多いです。し
かし実際は、学年で順位づけをするシステムのため、上位の子は勝
って嬉しいが、半分以上の子は負けた経験、最後から何番目だった
というネガティブな気持ちになります。

　運動経験や身体機能の発達状況は、人それぞれ違います。同じ走
る距離を経験や発達の違う子どもたちが競い合うのではなく、「自
分の決めた距離を走り切る」「学級全員で取り組めた結果を大切に
する」などが重要です。

■ きょうのふりかえり

子ども同士がそれぞれのよさや考えを認め合える空間的環境にするには、一日の終わりである「帰りの会」は大切な時間です。具体物や表情のわかるイラストなどを掲示すると効果的です

 おうちで Try!

「今日のことをおしゃべりしよう」
子どもたちは、心のなかにたくさんの思いがあります。1日5分でもいいので、ゆったりと話す時間をつくりましょう。どんな内容でもまずは受け止めて共感し、一緒に考えていきましょう。毎日の積み重ねがいまと将来の安定した情緒につながります。

POINT!

●集団参加が苦手な子の場合、安心できる空間や何気ない日常のなかで「ほめられる機会」がある空間などが有効

並ぶなどの位置の把握が苦手な〇さんのケース

ここでは、歩く位置などの把握が苦手な子への環境調整のポイントと空間・位置の把握を目指す学習の例を紹介します。

〇さんの事例

〇さんは小学1年生です。まっすぐな性格で、毎日を楽しく過ごしています。

教師からは「右側を歩きなさい」と注意されることが多く、休み時間になるたびに注意を受けています。自分ではどこを歩いていいのかわからずに、ふらふらとしてしまうことがあります。

教室の場面では、4月には自分の席の位置がわからずにふらふらとする様子が見られ、担任教師や友達の声かけにより見つけることができていました。6月ごろには自分の座席の位置を覚えることができましたが、席替えをするたびに慣れるまで戸惑っている様子がありました。

春の運動会では、体操や徒競走など、それぞれの競技で並ぶ位置がわからずに担任教師と一緒に行動をしていました。

💡 小学校低学年は幼少期の生活経験も影響する

たとえば、

- 小規模保育園で過ごし、廊下や指定座席がない環境だった子
- 幼稚園や保育園に通わず、家庭で過ごしていた子
- 4クラスずつある幼稚園で、廊下歩行などを学ぶ機会があった子

など、義務教育とは違い、それぞれの園や施設、家庭では過ごす様子も日課も違います。「**一人ひとり違う環境で育ってきた子どもたちが、小学校に入ると同じ空間で過ごしている**」という点を理解しておくことが重要です。

　Oさんに限ったことではありませんが、「右側を歩きなさい！」「走らないの！」「早く自分の席くらい覚えなさい！」など、マイナスな声かけばかりが増えてしまうと、「はじめての体験でわからないのに怒られている」という状況になってしまうため、教師は気をつけなければなりません。

💡 困り感の背景

- -

　Oさんの困り感は、**経験不足からくる戸惑い、空間把握の難しさ**であると想像できます。人的環境と物的環境を集めて空間的環境を調整することが重要となります。

■ インフォーマルアセスメントの紹介

《小学校入学の際に引き継ぎシートを活用する》

【教育方針】

　幼児期の教育・保育・療育は、その施設によって教育方針や日課が異なります。子どもの情報だけではなく、どのように過ごしてきたのかを伝えることは重要です。

【強み】子どもの長所、好きなこと、得意なことなど

【困り感】

　「○○な様子が見られるが、△△があると××できる」の視点で引き継ぐと効果的です（困り感→環境調整→成功体験）。

【その他】

　集団生活の様子、人間関係、コミュニケーション能力、学習意欲、運動意欲、食に関すること、家庭環境など

💡 即効性のある環境調整の例

　Ｏさんのように位置の把握が苦手な場合、下記のような環境調整の方法が効果的です。

◉ 矢印で動線を可視化する

　右の写真の例は、教室のドアの床です。教室の出入りでは、後方のドアを使用するように指導している学級だったので、出入りする子どもたちがぶつからないように矢印を設置しました。

　矢印などを設置する場合には、可能な限り学校全体で共通理解を

矢印の上を歩くと右側通行

して設置すると、どこに移動してもスムーズに理解できて効果的です。

◉ 自分の机の位置を見て確認する

　立っている状態でも、座っている状態でも自分の座席を確認できるようにすると効果的です。

- 机の上に、子どもの好きな色の目印を置いておく
- 机の前側に自分の名前を書いたマグネットを貼っておく
- 床に目印であるビニールテープを直線に貼る

など、さまざまな方法があります。

離席するときには目印を置く

名前

赤テープが目印

目印がなくても、安心して行動できるようになったら外します。

◉ 子ども同士で位置を確認し合う

普段から子どもたち同士で確認し合える環境や認め合える環境をつくることが大切です。

教師の「自分で並びなさい」という声かけでは、子どもたちは「あの子は自分で並べていない」「できないから教えてあげる」という集団になってしまいます。

子ども同士で位置を確認

逆に、教師の声かけが「みんなで確認し合ってね」だとどうでしょう。子どもたちは、「ここだね！　合ってるよ」「Oさんこっちだよ」と認め合える空間に変わります。

💡 空間・位置の把握を目指す学習

Oさんのように位置の把握が苦手な場合、下記のような学習の方法が効果的です。

◉ 傘をさして並んでみる

傘が人にぶつからないように並んでみると、前後左右のスペースが広く取れることがわかります。

「友達にくっつきすぎてしまう」「よくぶつかってしまう」などの困り感がある場合に有効です。

学級の児童全員で、晴れた日に傘をさして並んでみると、楽しく並ぶ空間がイメージできます。

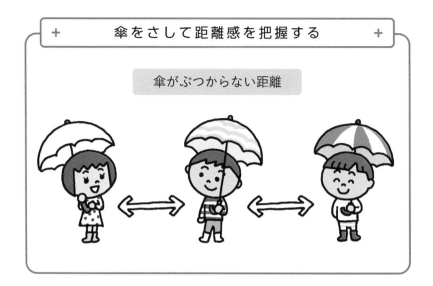

傘をさして距離感を把握する

傘がぶつからない距離

◉ 教室はうしろから入って前から出よう

　Oさんのように、「歩く場所がわからない」「行ったり来たりふらふらしてしまう」といったときには、「動線」を意識できるように空間的環境を調整します。子どもたちの流れが自然になるように動線を決めます。同時に、集団生活におけるルールの確認（約束の共通理解）をします。

【約束の共通理解の例】
- 教室に入るときは、教室のうしろのドアから移動する
- 廊下に出るときには、教室の前のドアから移動する

【動線の可視化の例】
- 教室の床に矢印のテープを貼る

　日常生活では、友達にぶつかりそうになったり、混雑してしまうこともあるので、子どもたちの移動の流れをデザインすることが大切になります。

教室の前方はシンプルにする

移動できる時計
兼タイマー

ホワイトボード
兼スクリーン

移動できる日課表

子どもたちが授業に参加する空間だと認識できるように、黒板の周りはシンプルにします。日課表や時計も、必要なときに配置できるよう移動できるものがおすすめです

 おうちで Try!

「壁にタッチしたら勝ち」

「人を見る」「空間を見る」力を育みます。二人で勝負をし、攻撃役と守備役を決め、守備役が壁の前に立つようにして向き合います。合図とともに攻撃役が壁にタッチできるように動きます。守備役は、タッチされないように体を動かします。

POINT!

- 位置の把握が苦手な子の場合、矢印で動線を可視化したり、自分の机の位置を見て確認することなどが有効

片づけることが苦手な
Ｐさんのケース

ここでは、片づけることが苦手な子どもへの環境調整のポイントと片づける力の向上を目指す学習の例を紹介します。

Ｐさんの事例

　Ｐさんは小学6年生で、進んで下級生のお世話をする姿が見られるやさしい子です。休み時間に一緒にトランプなどで遊んだあとは、片づけてあげる様子も見られます。

　しかし、棚に片づける際、どこに片づけていいのかわからないため、バラバラに置いてしまいます。すると、教師から「どうして元々あった場所に片づけられないの？」と注意を受けることが多くあります。

　Ｐさんは進んでお世話をしているものの、「片づけようとしているのに、片づいていない」という結果にストレスを感じています。

💡 全体の場所と個々の位置は違う

　Ｐさんは、トランプなどの棚（全体の場所）に確実に戻しています。しかし、元々あったトランプの位置（個々の位置）に戻すことができていません。

　私たちは、その空間について

「わかっているだろう」ではなく、「誰でもわかる」ように環境調整

をする必要があります。

　また、片づけがしやすくなる空間としては、

• 種類ごとに分けられている
• 教材の数が精選されている
• 子どもと一緒に収納する位置が決められている

などが挙げられます。

💡 困り感の背景

- -

　Ｐさんの困り感は、「**棚のなかの教材の位置を長期的に記憶する
ことが困難**」であることが想像できます。また、棚に戻して完結し
ている様子から「元の位置に戻す必要性を感じていない」のかもし
れません。

📖 インフォーマルアセスメントの紹介

《子どもたちの実態を把握する際に参考となる観察の視点一覧表》
成長記録や生活・学習の様子を把握することが大切です。

生活態度、学習ノート、作品、学習テスト

交換日記、母子手帳、個別の支援計画、関係機関の記録

知能検査、発達検査、集団検査、自己評価アンケート

生活リズム、食事の様子、食事の量

外見的な印象、言葉づかい、コミュニケーション

学習の様子、生活の様子、遊びの様子、注意や集中の持続時間

姿勢、表情、保護者と本人や教師と本人の信頼関係（ラポール）

生活意欲、学習意欲、成功や失敗したときの反応

情緒、気持ちの表出、こだわり、好きなもの、苦手なもの　など

💡 即効性のある環境調整の例

　Ｐさんのように片づけることが苦手な場合、下記のような環境調整の方法が効果的です。

◉ 実物の写真を撮って片づける場所に貼る

　子どもたちが見ている位置を確認します。上から見て置く場合には、上からの写真を撮影します。横から見て置く場合には、側面の写真を撮影します。

　子どもたちの目線で見えている状態の写真を棚やロッカーに貼っ

置く位置に写真

ておくことによって、パッと見て片づける位置を確認することができます。

◉ 仕切りを立てて空間を区切る

　本や教科書など、薄くて高さのあるものは、そのまま置こうとすると倒れてしまいます。そして、その上に重ねるように置こうとしてしまうため、どんどん乱雑になっていきます。

　本立てを設置するなど、本が倒れないようにし、空間を仕切ることで、片づけるときにもわかりやすい空間をつくります。

本立て

撮影用に置いていますが、本来は、本は背表紙が見えるように置く

◉ 道具を戻す「おうち」を決める

　片づける場所に名前をつけることで、声かけが端的な指示となるようにします。

【マッスルコーナー】

　右の写真は、教室前の廊下にある「マッスルコーナー」の紹介です。ここには、体育の授業や休み時間に活用できる運動用教材が収納されています。運動の際に活用する教材を一箇所に集めること

運動系の教材を収納する棚

で、覚えやすい、片づけやすい、空間としてスッキリするなどのメリットがあります。子どもたちの生活年齢に合わせて「道具のおうち」の名前を決め、画用紙などに名前を書いたものを掲示すると1年間使用でき、効果的です。

💡 片づける力の向上を目指す学習

　Ｐさんのように片づけることが苦手な場合、下記のような学習の方法が効果的です。

◉ ペンとキャップ

　「ＡにはＡ、ＢにはＢ」という一対一を対応させる学習をします。「赤色のペンには赤色のペンのキャップをつける」など、身近なものを活用して、一対一を対応させる力を育てていきます。また、ペンとキャップの数を増やしたり、あえてキャップを1つ減らし、子どもたちからの「先生！　1つありません！」（援助要求スキル）という発言を促すことで社会性の学習につなげることができます。

■ 一対一を対応させる学習

同じ色のキャップを見つける

インクがなくなったペンをリサイクル

◉ 宝探しを探そう

　教室のなかで、掃除する位置を中心に宝探しができるようにします。下記のような掃除をする際に忘れやすいところ（気がつけるようになってほしい位置）に宝を置くように意識をしましょう。

- 机の下
- 椅子の下
- 教室の４コーナー（すみっこ）
- 黒板の下
- ドアの周り

　ほこりや消しゴムのカスは小さいので、ビーズ（少し大きめのもの）で宝探しをすると、取り組みやすくなります。

+ 宝探しの素材 +

軽くて小さいもの、そして「楽しく学習」することができる素材がおすすめです。ビーズやポンポンなど、「見つける」ことが理解しやすい素材にします

 おうちでTry!

「最後の1個は、自分で片づけよう」

「片づけなさい」と声かけをしても子どもたちは片づけず、結局、大人がすべて片づけてしまうことがあります。まず、90％は保護者が片づけ、最後の10％を自分で片づけることができるようにすると、少しずつ片づけの習慣がついてきます。

POINT!

● 片づけることが苦手な子の場合、実物の写真を撮って片づける場所に貼ったり、仕切りを立てて空間を区切ることなどが有効

落ち着くことなどが苦手な Qさんのケース

ここでは、落ち着くことなどが苦手な子への環境調整のポイントと集中できるようになることを目指す学習の例を紹介します。

Qさんの事例

Qさんは小学2年生です。静かな性格で勉強することが好きですが、国語や算数の授業にキョロキョロと校庭をながめたり、歌を口ずさんだり、消しゴムをちぎったりしています。

時折、耳をふさいでいる場面も見られます。両手で耳をふさいでいるときに、担任教師は注意をします。すると、勝手に好きな本を読み始めてしまい、授業に参加するまでに時間がかかります。

2学期頃になると、トイレの個室にこもるようになりました。個室にこもって20分経っても戻ってこないことや、1日に何度もトイレに行く様子から、保健室や特別支援学級と連携をして、Qさんの過ごしやすい場所で過ごせる時間を多く設定できるようにしました。

Qさんは、「スイッチが切れちゃってダメなんだぁ」「みんながうるさい」「静かな場所で休みたい」と教師に相談をしてきました。

注意散漫と聴覚刺激による過敏さを考える

授業で学習に集中し続けることが難しい子の場合、空間内（友達の笑い声や扇風機の音など）や空間外（校庭や廊下など空間の外か

らの刺激）からの聴覚刺激によってすぐに気がそれてしまうことなどがあります。

その一方で、自分の好きなことについて考えたり取り組んだりしていると夢中になってしまい、話しかけられても気づかず、教師や友達に「無視をしている」と誤解されてしまうことがあります。

道を歩くと、交通標識やお店の看板、昆虫や水たまりなどに気を取られ、目的地に着くのに時間がかかることもあります。

本人は悪気があってわざとやっているわけではないので、視覚的配慮や聴覚的な空間調整が必要です。

💡 困り感の背景

Qさんの「静かな場所で休みたい」という言葉から、刺激量の調整が必要なのかと想像できます。

たとえば、まぶしさならサングラス、音量であればイヤーマフなど、物的環境で調整を進めることが有効かと思いますが、共に過ごす子どもたちという集団についての空間的環境の調整は必須です。

🟦 インフォーマルアセスメントの視点

《聴覚の過敏さについて観察をする》

- 教室や人の多い体育館などの集団の場にいると疲れている
- 授業中に友達の話し声や物音が気になって集中できなくなっている
- 扇風機やクーラーなどの音が気になって耐えられなくなっている
- 他者には聞こえないような小さな音にも反応している
- 予想していないタイミングの音や大きな音で、不安やパニックになっている   など

💡 即効性のある環境調整の例

　Qさんのように落ち着くことや聴覚的刺激が苦手な場合、下記の
ような環境調整の方法が効果的です。

◉ イヤーマフを使用できる空気感をつくる

　話して伝える授業が中心の学校
では、「イヤーマフをする＝授業
に参加しない」と考えてしまう教
師もいます。「授業に参加するた
めにイヤーマフをする」という視
点をもち、イヤーマフの使用方法
を本人が理解し、いつ・誰が・ど
んなときに使用するのかを学級全

イヤーマフ

環境のなかにある音

体で共通理解をします。使用するイヤーマフによっては、すべての
音を遮断するわけではないので、聞こえている範囲なども確認する
ことが大切です。

◉ 落ち着きスペースをつくる

【机上に個別のスペースをつくる】

　子どもたちの座席にパーテーションを設置することで、空間を仕
切ることができます。みんなと同じ空間にいながら、自分の空間を
大切にすることができます。

　学力テストなどで集中したいときに、視覚的・聴覚的刺激量を調
整する際に効果的です。

【教室の一角に落ち着きスペースをつくる】

　畳の上に座布団を常設したり、ジョイントマットの上に座卓を常

設したりするなど、落ち着きた
いときに活用できるスペースを
つくると効果的です。

ジョイントマット　　　　　パーテーション

　可動式パーテーションがある
と、1人になりたいときなどに、
安全に個人の空間をつくり出す
ことができます。Qさんのよう
に、静かな場所を求めてトイレ
の個室にこもってしまう行動を
予防することにもつながります。

例：小学校特別支援学級のレイアウト

【教育相談室や保健室を活用する】

　教職員で連携をして、その子にとって心が休まるまで休憩できる
空間を確保します。スクールカウンセラーなどの関係者も積極的に
活用しましょう。

● 服の色（視覚刺激）

【教師の服の色】

　私たち大人も子どもたち
にとっての環境の一部のた
め、子どもたちの視点に立
って服装を考える必要があ
ります。

　元気に外遊びであれば、
明るく活発な色（赤やオレ
ンジなど）にする。落ち着
いた学習であれば、落ちつ

運動のときは明るい色。校庭に
いても教師を見つけやすい

さんすう

学習中は、落ち着いた色、
黒板に注目しやすい

いた色（白やクリームなど）にする必要があります。華美な服装や

カラフルで目がチカチカする服装は控えましょう。

💡 集中できるように「気持ちの切り替え」を目指す学習

Qさんのように注意散漫になってしまう場合、下記のような学習の方法が効果的です。

◉ ストレッチの時間を設定する

ストレッチをする際には、体を動かすことへの意識ではなく、呼吸の音を感じられように声かけをします。教師と目を合わせながら一緒に「1・2、1・2」と声を出して取り組み、次の活動に気持ちよく参加できるようにします。

▨ 呼吸を意識してストレッチ

呼吸を意識する　　　　　　　教師も一緒に行う

◉ 短い時間で学習を切り替える

集中の持続が難しいという困り感を「短い時間なら集中できる」ととらえて授業を計画します。

10分間なら集中できる場合、「10分座学→2分教師の手伝い→10分座学→1分ストレッチ」などのように時間を短く区切り、そのつ

どほめて1回1回の授業を成功体験で終えられるようにすると、少しずつ集中できる時間が伸びることが多いです。

短い時間で学習を区切る

ノートを書く時間など　　　　教師のお手伝いなど

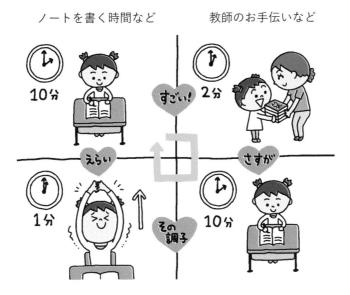

 おうちでTry!

「好きな音や心地よい音を探そう」
子どもと一緒に、好きな音を探します。聴覚過敏のある子どもたちは、「音＝痛み」と感じている子もいます。好きな音や心地よい音を知ることは、生きやすさにもつながっていきます。

POINT!

- 落ち着くことなどが苦手な子の場合、自然にイヤーマフが使える空気感をつくったり、落ち着きスペースを設けることなどが有効

行事に参加することが
苦手なRさんのケース

ここでは、行事への参加が苦手な子への環境調整のポイントと行事の参加を目指す学習の例を紹介します。

Rさんの事例

　Rさんは小学6年生で、大きな音をこわがります。避難訓練のベルの音や体育で使用する徒競走のスターターの音、教師の笛の音、給食中に流れる放送の音など、さまざまな場面で聞こえてくる大きな音が苦手です。

　Rさんが行事に参加する際には、イヤーマフをつけたり、事前に予告をして見通しをもたせることで安心できるようにしましたが、行事に参加することは難しいのが現状です。

　持久走大会の日には、Rさんの近くにたまたまいた教師が伴走し、声をかけながら一緒に走りました。完走はできましたが、心のキャパシティがいっぱいいっぱいになってしまったことで、応援する教職員や友達に「うるさい」「黙れ」「あっちいけ」など、暴言を吐いている様子が見られました。

　保護者は、「療育施設では落ち着いているのに、学校ではできなくなってしまう」と担任教師に相談にきました。

💡 環境調整と困り感の改善を目指す学習はバランスが重要

　Rさんの場合、見通しをもつ（人的環境）ことやイヤーマフをつけること（物的環境）で調整していますが、Rさんの心の安定や行事の参加方法などについて、本人・保護者・教職員で共通理解が難

しかったことが原因にあるかもしれません。

　Rさんをはじめ、すべての子どもたちが安心して参加できる行事をつくるためには、**どんな調整が必要なのかを、子どもの視点から考えていくことが大切**です。

　同時に、困り感の改善と克服に向けた学習を、日常生活や学校生活の場面のなかに取り入れることで、獲得した知識を活用できる力へとつなげていくことを目指します。

困り感の背景

　大きな音が苦手な理由が、**「感覚的」なものなのか「心的」なものなのか**を丁寧にアセスメントすることが重要です。

　たとえば、音楽のライブに行っているときの大音量は心地よく聴こえる。しかし、眠りたいときの蚊の飛ぶ音は大きく不快に感じてしまう。このように、その空間を過ごす自分の心が音を大きくすることも小さくすることもあり得るのです。

アセスメントツールの紹介

《SP感覚プロファイル》
引用：https://www.nichibun.co.jp/seek/kensa/sp.html
【日本版著者】飯鉢和子、鈴木陽子、茂木茂八
【適用範囲】3〜82歳
【所要時間】30分程度（短縮版10分）
【特徴】
　感覚の過敏さや過鈍さといった問題について、複数の感覚領域にわたり包括的に把握する検査です。質問は感覚処理、調整、行動や情動反応の大きく3つに分けられ、その行動が見られる頻度を観察者が回答し、検査者がスコアを集計します。

💡 即効性のある環境調整の例

　Rさんのように行事に参加することが苦手な場合、下記のような環境調整の方法が効果的です。

◉ 子どもファーストの席をつくる

　運動会の場合、市議会議員やPTA会長などの来賓が参観する「来賓席」、転倒などでケガをしてしまった場合の「救護用テント」、地域の高齢者の方が参観する「優先席」をよく見かけます。

テントを設営して予備の水分を用意

　これらと同じように、子どもたちを大切にする席を設定することが大切です。

　児童席には、「テントを設営して日陰ができるようにする」「児童席の近くに救護用テントを設営する」「水筒の中身がなくなっても補給できるように予備の水分を用意しておく」など、子どもたちが安心・安全に行えるようにします。

◉ 同じ空間にいることを大切にする

　「みんなで同じことをする」のではなく、「参加の方法は人それぞれでいい」ことを大前提に行事への意識をもちます。

　私たちは、車椅子を活用していても、イヤーマフを活用していても、参加できる時間を短くしていても、共に空間を共有する仲間なのです。

◉ 参加の方法について共通理解のある空間

学校では、担任教師と教
職員の声かけが共通理解さ
れていないと、子どもたち
は戸惑ってしまいます。

教職員でつくる「学校」
という空間的環境のなか
で、行事は開催されます。
そのため、行事の実施目的
やスケジュールの会議が中心になりますが、「共通理解を必要とす
る子」や「ケガをしたときや嘔吐したときの対応」など、子どもた
ちの安全と安心について会議をすることが重要です。

💡 行事の参加を目指す学習

Rさんのように行事の参加が苦手な場合、下記のような学習の方
法が効果的です。

◉ 自分の参加できる方法を知る

- 集団のなかで参加する。または、安心できる並び位置で参加する
- 同じ空間のなかで集団が見える位置で参加する
- ギャラリースペースや見学スペースから応援参加する
- オンライン接続をしてビデオ参加する

このような子どもたちが自分でできる参加方法について相談する
ことが大切です。

そして、参加方法を選べるようにすることも重要になります。ど
の場所にいても、集団や学級に帰属感を感じることができるように
環境調整をします。

【書初めでの参加の例】
① 集団と同じ場所で説明を聞く
② やることを確認し、個別学習
　スペースへ移動する
③ 指定の枚数を書く
④ 集団の場に戻り、振り返りや
　まとめをする

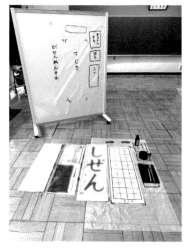

「集団→個別→集団」のように、
自分で参加できる場面について事
前に相談し、学校の一員として参
加できるようにします。

「書き初め大会」における個別学習スペース

◉ つらいときは、つらいと言えるスキル

　援助要求スキルをもつことは、わがままになることではありません。特に体育系の行事では、無理をして参加を続けると、熱中症など命に関わる事故につながってしまうケースもあります。

　「水を飲みたいときには水を飲む」「涼しい場所で休みたいときには休める」。子どもたちの要望を受け入れることができる全体の雰囲気（空気感）が大切となります。

　「いま、手を上げたら怒られてしまうかな？」「このタイミングでトイレに行ったら何か言われるかな？」など、子どもたちが不安にならないように、普段の生活から私たちが柔軟に対応できるようにします。

■「休みます」と言える雰囲気が重要

教師が手伝うなどして、子どもの気持ちを受け止める

 おうちで Try!

「リハーサルをしよう」
運動会であれば、「事前に収録したダンスの動画データを共有し、家庭で視聴しながらダンスをしてみる」など、練習に参加することが難しくても、家庭で振付けの確認などを行い、行事への意欲を高めていきます。

POINT!

- 行事への参加が苦手な子の場合、子どもファーストの席をつくったり、同じ空間にいることを大切にすることなどが有効

空間をレイアウトする工夫

空間のレイアウトでは、子どもを中心とした動線や時間を意識した
日課表の作成も重要になります。

動く線と導く線を意識する

　空間的環境の調整における動線は、「**子どもが動く線**」と「**子ども
を導く線**」を意識します。

　子どもを中心とした動線とは、**子どもが効率よく整理整頓や学習
ができ、それが習慣化しやすいように調整された意図的なレイアウ
ト**のことです。子どもをムダのない動きで導き、より快適に教師や
友達との関係を深められることが大切です。意図的に計画された空
間であれは、事故の防止や学習意欲の向上につながります。

　家庭では、どこに荷物を置き、どこで勉強をするのかなど、保護
者とのコミュニケーションの場も必要です。

　学校では移動距離が長くなるため、より効率的で効果的な教育的
活動が実施できるよう、日課表も重要になります。

　たとえば、「1時間目が校庭で授業→移動5分→2時間目は3階の
音楽室」という時間配分では、授業開始までに水分補給やトイレ、
学習の準備は不可能です。それに「チャイムを守って生活しよう」
という生活目標が加わると、子どもたちはどうしていいのかわかり
ません。空間的環境を考える際には、**時間も大きな要因**として意識
し、日課表を作成することが重要です。

学校の空間を見直す

　教室や体育館、校庭、トイレ、階段、廊下、下駄箱、職員室、特

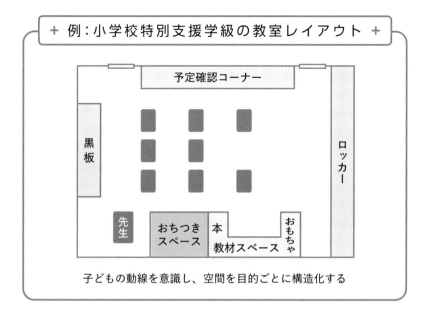

例：小学校特別支援学級の教室レイアウト

予定確認コーナー

黒板

ロッカー

先生

おちつきスペース

本

おもちゃ

教材スペース

子どもの動線を意識し、空間を目的ごとに構造化する

別教室などを見直してみましょう。子どもたちにとって居心地のいい空間を目指します。キーワードは、①安心・安全である、②親しみのあるデザインがある、③心身がのびのびとできる、④明るく清潔である、⑤子どもにも教師にも使いやすい、⑥楽しいことがある、⑦備品は健康や学習効果のいいものを使う、です。

　子どもたちにとっての学校は、学習をするだけの場所ではなく、1日の活動時間の半分以上を過ごす生活空間でもあるのです。

　勉強をする場所と考えがちですが、子どもたちが落ち着く時間やコミュニケーションを取ることができる空間を大切にすることで、子どもたちの環境はより豊かになります。その結果、情緒が安定し、学習意欲の向上にもつながっていきます。

 POINT!

●学校は、子どもたちにとって居心地のいい空間を目指す

カバーデザイン　山之口正和（OKIKATA）
カバー・本文イラスト　寺崎愛
本文デザイン・DTP　初見弘一（TOMORROW FROM HERE）

子どもの発達障害と環境調整のコツがわかる本

2023年4月5日　初版第1刷発行

著　者　いるかどり
発行人　片柳秀夫
編集人　志水宣晴
発　行　ソシム株式会社
　　　　https://www.socym.co.jp/
　　　　〒101-0064 東京都千代田区神田猿楽町1-5-15 猿楽町SSビル
　　　　TEL：(03)5217-2400（代表）
　　　　FAX：(03)5217-2420

印刷・製本　音羽印刷株式会社